Début d'une série de documents
en couleur

MARIANNE

OU

LE DÉVOUEMENT

PAR

MARIE-ANGE DE T***

TOURS

ALFRED MAME ET FILS, ÉDITEURS

BIBLIOTHÈQUE

LA

JEUNESSE CHRÉTIENNE

~~~ooooOOooo~~~

FORMAT PETIT IN-8°

Tours. — Impr. Mame.

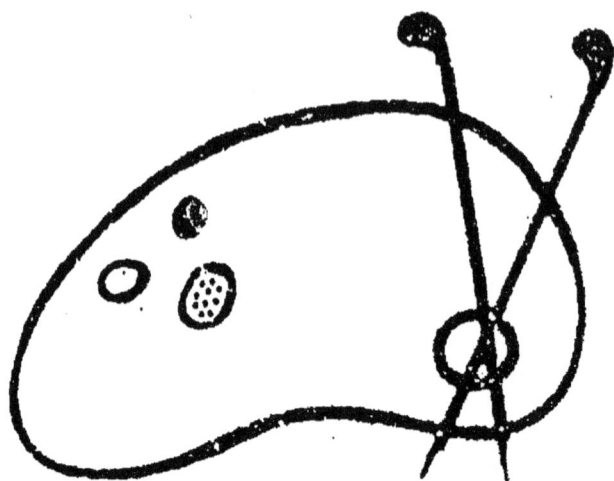

Fin d'une série de documents
en couleur

BIBLIOTHÈQUE

DE LA

JEUNESSE CHRÉTIENNE

APPROUVÉE

PAR MGR L'ARCHEVÊQUE DE TOURS

—

SÉRIE PETIT IN-8°

La convalescente, qui paraissait enchantée de son équipage improvisé, ne cessait d'adresser à Amélie les remercîments les plus vifs.

MARIANNE

OU

LE DÉVOUEMENT

PAR

MARIE-ANGE DE T*** *(J. J. E. Roy.)*

NOUVELLE ÉDITION

TOURS

ALFRED MAME ET FILS, ÉDITEURS

1877

©

MARIANNE

CHAPITRE I

Sur la terrasse du jardin du Luxembourg.

La terrasse située à l'ouest du grand parterre, dans le jardin du Luxembourg, est, pendant la belle saison, le rendez-vous habituel de beaucoup de personnes qui habitent cette partie du faubourg Saint-Germain ou les environs. Il y a sans doute moins de luxe, peut-être moins d'élégance, et, à coup sûr, moins de prétention dans les toilettes qu'on n'en rencontre au jardin des Tuileries ou dans les contre-allées de la grande avenue des Champs-Élysées; mais on y est plus chez soi, plus en famille. Les personnes de connaissance se réu-

nissent en une même société, on cause, on se pro-
mène par groupes ; puis, quand on est las de marcher, on s'assied en rond sur les chaises auprès de
la balustrade, ou à l'ombre des grands marronniers. Là, les dames et les grandes demoiselles
font la lecture, ou travaillent à quelque ouvrage
d'aiguille, tandis que les jeunes filles et les enfants sautent à la corde, jouent au volant, ou for-
ment des rondes sous les yeux de leurs mamans.
Tout ce petit monde rit, s'agite, babille à qui
mieux mieux ; les sœurs aînées, tout en prenant
part à la conversation des mamans ou des personnes plus âgées, suivent des yeux les jeux fo-
lâtres des enfants, et plus d'une regrette que le
décorum l'oblige de renoncer à ces jeux, comme
il l'a obligée déjà de renoncer à sa poupée.

Parmi ces jeunes personnes, qui, quoique déjà
grandes, avaient gardé l'innocence et le goût des
jeux de l'adolescence, nous citerons Mⁱˡᵉ Amélie
Brizieux, fille d'un de nos plus célèbres juris-
consultes. Elle avait quinze ans à peine, et on lui
en eût donné dix-huit ou vingt, tant elle était
grande et forte pour son âge. Elle n'avait jamais
été en pension. Mᵐᵉ Brizieux, sa mère, femme de
beaucoup de mérite, très-instruite, très-pieuse,

s'était chargée de son éducation, et elle s'était acquittée de cette tâche d'une manière tout à fait remarquable.

Depuis longtemps M. et Mme Brizieux habitaient la rue de Tournon; ils y avaient établi leur domicile à cause de sa proximité du Luxembourg, et de la facilité que leur offrait ce voisinage pour faire souvent promener leurs enfants, encore en bas âge, dans ce vaste et beau jardin. Ce motif n'était pas le seul; leur famille se composait de cinq enfants, trois garçons et deux filles. Les premiers devaient fréquenter les cours des colléges et des écoles du quartier latin, et ils se trouvaient, rue de Tournon, plus à portée de ces divers établissements que dans la rue Saint-Honoré, où ils demeuraient auparavant. Quant aux filles, Mme Brizieux s'était, comme nous l'avons dit, réservé de faire elle-même leur éducation; seulement les leçons de musique et de dessin étaient données sous ses yeux par des professeurs ou des maîtresses qu'elle choisissait avec soin. Pour l'instruction religieuse, elle faisait suivre assidûment à ses filles le catéchisme de Saint-Sulpice, leur paroisse; et, après leur première communion, elle leur faisait fréquenter avec non moins de régularité le catéchisme de persévérance de cette église.

A l'époque où commence notre histoire, toute cette petite famille était devenue grande; déjà les trois plus âgés avaient trouvé ou étaient sur le point de trouver ce qu'on appelle une *position*. Gustave, l'aîné de la famille, avait vingt-cinq ans; après avoir fait son stage, il avait été inscrit au tableau des avocats de la cour, et déjà il promettait de marcher dignement sur les traces de son père, et de fournir au barreau de Paris une illustration de plus. Ernest, le second, sorti de l'École polytechnique avec un des premiers numéros, avait été envoyé à l'École d'application de Metz. Clotilde, la troisième, était âgée de vingt ans; elle était mariée depuis quelques mois seulement avec le docteur Perceval, jeune médecin de talent, et qui commençait à acquérir une certaine réputation. Il ne restait à la maison paternelle que les deux plus jeunes : Amélie, dont nous avons déjà parlé, et un petit garçon, âgé de dix ans, qui, en sa qualité de dernier-né, avait reçu le nom de Benjamin, et était, comme le fils de Jacob, un peu gâté par toute la famille, et surtout par sa sœur Amélie.

Revenons à cette dernière, qui doit jouer un rôle important dans l'histoire que nous allons raconter.

Elle était vive, enjouée, même un peu étourdie. Malgré le développement précoce de sa taille, qui l'eût autorisée à prendre rang parmi les grandes demoiselles et à s'asseoir avec les personnes graves, elle préférait jouer avec les plus jeunes de ses petites amies. Celles-ci étaient enchantées de l'avoir à leur tête, car elle était en quelque sorte la directrice de leurs jeux, et personne ne savait mieux qu'elle les varier, et surtout les animer par son entrain et sa gaieté communicative.

Un jour Amélie avait organisé une ronde sous les marronniers, à une vingtaine de pas de l'endroit où Mme Brizieux était assise avec quelques dames de sa société habituelle. La danse était des plus bruyantes et des plus animées. Au milieu des cris et des voix suraiguës de ses petites compagnes, on distinguait la belle voix de contralto d'Amélie, qui essayait parfois de ramener un peu d'harmonie dans les chants par trop discordants de la troupe joyeuse. Ses efforts n'étaient pas toujours couronnés de succès ; mais, quel qu'en fût le résultat, la gaieté générale, loin d'en être diminuée, ne faisait qu'aller en augmentant, et se traduisait par des éclats de rire retentissants et presque continuels.

Pendant cette ronde bruyante, les mamans, les tantes et les autres dames de la société, — tout en causant et en continuant leur travail de broderie ou de tapisserie, — ne pouvaient s'empêcher de regarder de temps en temps cette troupe folâtre et d'accompagner ce coup d'œil de quelques réflexions.

« Comme elles s'amusent! comme elles sont heureuses, ces pauvres enfants! » disait Mme de Monval, une des meilleures amies de Mme Brizieux, et mère de deux jeunes filles de douze à quatorze ans qui faisaient partie de la ronde.

« Mais il faut reconnaître, ajouta-t-elle, qu'elles doivent la plus grande partie de leur plaisir à l'initiative de cette chère Amélie, qui a un talent tout particulier pour les amuser.

— C'est vrai, » observa Mme de Fonviel, épouse d'un chef de bureau de la préfecture de la Seine, qui demeurait rue de Condé, « et lorsque par hasard Mlle Amélie s'absente, toutes nos petites filles ne savent que faire; elles sont tristes, ennuyées, et partant fort ennuyeuses. En vérité, ajouta-t-elle en s'adressant à Mme Brizieux, Mlle votre fille fait preuve d'un grand dévouement en se sacrifiant ainsi à l'amusement de ces enfants, dont la turbulence est parfois fort désagréable.

— Oh ! Madame, répondit en souriant Mme Brizieux, ma fille est loin de mériter l'éloge que vous en faites. Il n'y a de sa part ni dévouement ni sacrifice ; c'est pour son propre plaisir qu'elle joue avec ses petites camarades, et je puis vous affirmer qu'elle s'amuse autant et peut-être plus qu'aucune d'entre elles.

— Ah ! reprit en soupirant Mme de Fonviel, puisse-t-elle conserver longtemps ce goût des plaisirs enfantins, et n'avoir pas de sitôt à éprouver d'autre regret que celui d'en être privée !

— Il faut aussi remarquer, reprit Mme de Monval, que ce goût pour les amusements du jeune âge, cette vivacité, cette étourderie même qu'on serait peut-être tenté de reprocher à Amélie, n'empêchent pas cette chère enfant d'être sérieuse quand il le faut, de se montrer compatissante à toutes les peines et de chercher à soulager toutes les douleurs avec autant d'empressement qu'elle en met à prendre part aux jeux de ses bonnes petites amies... Tête encore un peu légère, mais qui prendra bientôt de l'aplomb, âme candide et cœur d'or, voilà en peu de mots son portrait.

— Je n'ose pas dire, chère amie, reprit toujours en souriant Mᵐᵉ Brizeux, que je ne pense pas comme vous, et que je trouve votre portrait d'Amélie par trop flatté, seulement, si un cœur de mère s'aveugle facilement, celui d'une ancienne amie comme vous n'est peut-être guère plus clairvoyant, de sorte que nous pourrions l'une et l'autre nous faire la même illusion. D'ailleurs vous êtes la marraine d'Amélie, et à ce titre vous lui avez toujours montré une tendresse vraiment maternelle. Son père prétendait même que vous la gâtiez plus que moi, et s'il vous entendait parler comme vous venez de le faire, il dirait que vous êtes comme moi, que vous n'apercevez pas les défaut de cette enfant, et que vous vous exagérez ses qualités.

— Ah ! ah ! comme je le recevrais bien, M. votre mari, s'il venait me tenir un pareil langage, et comme je saurais le rappeler à l'ordre, lui qui a si bien gâté son Benjamin, qu'aujourd'hui cet enfant, — qui serait charmant s'il avait été élevé comme ses sœurs, — est devenu insupportable !

— Allons, ma bonne amie, est-ce qu'il est

convenable d'élever un garçon comme une fille ?

— Ce n'est pas ce que je veux dire ; mais ce n'est pas non plus une raison pour lui laisser faire toutes ses volontés et souffrir tous ses caprices.

— Pour cela vous avez raison ; mais que voulez-vous, le pauvre petit était si délicat, si frêle pendant les premières années de son enfance, il avait besoin de tant de ménagements, que tous dans la famille nous avons été pour lui d'une indulgence peut-être excessive. Toutefois il ne faut pas accuser mon mari d'avoir contribué plus qu'un autre à gâter cet enfant, et, si l'on peut adresser ce reproche à quelqu'un, c'est précisément à votre chère filleule, que j'ai souvent grondée pour cela.

— Oui, j'en conviens ; et moi aussi je lui ai fait plus d'une fois des observations à ce sujet. Elle me répondait qu'elle ne pouvait se décider à le contrarier, que l'âge et la raison le corrigeraient mieux que toutes ses remontrances. C'était encore un effet de l'excellent cœur de cette chère enfant ; mais, en attendant, l'âge est venu et la raison n'est pas encore arrivée, et je crains fort que notre Benjamin ne cause un jour bien du tourment à sa famille.

— Mon Dieu, Madame, reprit Mme de Fonviel,

que vous êtes sévère pour ce pauvre enfant ! Je
ne comprends pas vraiment pourquoi vous l'avez
pris en grippe. Sans doute il est vif, étourdi, tur-
bulent; mais c'est de son âge : car enfin il n'a que
dix ans, et l'on ne peut pas exiger de lui qu'il soit
raisonnable comme s'il en avait vingt ou vingt-
cinq. Pour moi, je le trouve charmant, et je parierais que Mme Brizieux est de mon avis.

— Ne pariez pas, Madame, car vous pourriez
perdre, répondit en riant la mère de Benjamin.
Je ne saurais voir dans les sages observations de
Mme de Monval que les avertissements d'une amie
sincère, et non les signes d'une injuste prévention
qu'elle aurait conçue contre mon plus jeune fils.
D'ailleurs, la tendresse paternelle et maternelle ne
nous aveugle pas, mon mari et moi, au point de ne
pas apercevoir les défauts de cet enfant, et de ne
pas songer aux moyens de les corriger. Ainsi, nous
avons résolu de le mettre au collége Stanislas pour
la prochaine rentrée.

— Vous avez on ne peut plus sagement agi, ma
chère amie, et je vous en félicite sincèrement, dit
Mme de Monval; la bonne discipline à laquelle il
sera soumis dans cet établissement lui fera perdre
promptement les mauvaises habitudes que trop

de liberté et d'indulgence lui avaient fait prendre dans la maison paternelle. Mais comment se fait-il, ma chère dame, que vous ne m'ayez pas encore parlé de cette résolution ?

— Parce que, quoique la chose ait été arrêtée entre mon mari et moi depuis quelque temps, elle n'a reçu qu'hier sa sanction définitive, c'est-à-dire que c'est hier seulement que les derniers arrangements ont été conclus avec le directeur, et que la place de Benjamin a été retenue pour le 9 octobre prochain, jour de la rentrée. Ainsi, vous le voyez, il n'a plus que quelques semaines de vacances. Aussi s'en donne-t-il à cœur joie, et depuis que nous sommes arrivés il n'a cessé de faire rouler son cerceau avec plus d'ardeur qu'il n'en a jamais mis à cet exercice. »

Ici la conversation de ces dames fut interrompue par quelques cris qui se firent entendre du côté de la ronde conduite par Amélie. En même temps les chants avaient cessé ; le cercle des danseuses s'était rompu, et toutes s'étaient groupées autour d'un banc qu'on n'apercevait pas de l'endroit où se trouvaient Mme Brizieux est ses amies.

« Que se passe-t-il donc d'extraordinaire parmi nos jeunes étourdies ? s'écria Mme de Fonviel ; un silence profond a succédé tout à coup à leurs éclats de voix.

—Oh! reprit Mme de Monval, c'est qu'apparemment elles auront remplacé leur ronde bruyante et fatigante par un jeu plus paisible. Amélie excelle à varier leurs amusements, et à les faire passer ainsi d'un exercice agité à un passe-temps plus calme et plus silencieux.

—Je ne crois pas, dit Mme Brizieux en se levant, qu'il s'agisse d'un nouveau jeu organisé par ma fille. J'ai entendu tout à l'heure des cris qui m'inquiètent, et je vais voir ce qui se passe.

— Attendez encore un instant, reprit Mme de Fonviel; voici Berthe et Sophie qui nous apportent des nouvelles. »

En effet, deux jeunes filles de douze à quatorze ans, l'une fille, l'autre nièce de Mme de Fonviel, accouraient l'air tout effaré.

« Maman, s'écria Berthe en arrivant, Mlle Amélie m'envoie te prier de lui prêter un instant ton flacon de sels pour faire respirer à une demoiselle qui vient de se trouver mal.

— Quelle est cette demoiselle? demanda Mme de Fonviel, tout en cherchant son flacon.

—Je ne sais pas, personne de nous ne la connaît.

— Veuillez, je vous prie, dit Mᵐᵉ Brizieux, me confier votre flacon ; je vais moi-même veiller à ce qu'il en soit fait convenablement usage, et m'informer en même temps quelle est cette demoiselle, et la cause de son accident.

— Je vais vous accompagner, dit Mᵐᵉ de Monval.

— Et moi aussi, » ajouta Mᵐᵉ de Fonviel.

Et ces trois dames se mirent en marche précédées de Berthe et de Sophie.

« Sais-tu comment cet accident est arrivé ? demanda Mᵐᵉ de Monval à Berthe.

— Non, Madame, je ne le sais pas ; j'étais dans la ronde, de l'autre côté, quand tout à coup une femme a poussé un cri ; nous nous sommes aussitôt séparées, et j'ai vu Amélie qui aidait à relever une jeune demoiselle qui était tombée par terre ; elle la faisait asseoir sur un banc, et c'est alors qu'elle m'a dit de venir chercher le flacon de maman.

— Oh ! moi, reprit la petite Sophie, j'ai bien vu comment cela est arrivé : c'est M. Benjamin qui a fait rouler son cerceau contre cette demoiselle ; ses jambes se sont embarrassées dedans, et elle est tombée. »

En entendant prononcer le nom de son fils,
Mme Brizieux hâta le pas, et elle se trouva bientôt
auprès du groupe des jeunes filles ; ses deux amies
la rejoignirent presque aussitôt.

CHAPITRE II

La convalescente.

Les petites camarades d'Amélie n'étaient pas seules à former cercle autour de la jeune fille évanouie.
Comme il arrive toujours à Paris en pareille occasion, des curieux et surtout des curieuses de tout
âge avaient suspendu leur promenade pour venir
s'informer de ce qui était arrivé, en un instant
un rassemblement nombreux s'était formé, et allait sans cesse grossissant. Les derniers venus ne
voyaient rien, n'entendaient rien, et à la question
mille fois répétée : « Qu'y a-t-il? » les uns répon-
daient qu'ils n'en savaient rien ; les autres di-
saient que c'était une jeune fille qui tombait
d'épilepsie ; d'autres qu'elle avait reçu à la tête
un coup de pierre lancée par un gamin, etc. etc.

Au moment où les trois dames arrivèrent, le groupe de curieux était déjà si compacte qu'elles eurent quelque difficulté à le traverser. Cependant Mme Brizieux ayant demandé avec un certain ton d'autorité qu'on leur fît un passage pour aller secourir la personne blessée, chacun s'empressa de leur faire place, et bientôt ces dames se trouvèrent en face du banc sur lequel était assise une jeune personne extrêmement pâle, soutenue d'un côté par une femme d'un certain âge et de l'autre par Amélie.

La jeune personne avait un costume fort simple de pensionnaire; ses traits étaient d'une régularité parfaite, et sa grande pâleur la faisait ressembler à une belle figure de marbre, œuvre d'un habile sculpteur.

La femme qui l'accompagnait était coiffée d'un bonnet rond et vêtue comme une domestique de bonne maison. Elle paraissait âgée d'une soixantaine d'années; son visage, sillonné de rides, était bouleversé par la douleur, des larmes coulaient de ses yeux; des sanglots soulevaient sa poitrine; elle se lamentait, et poussait de temps en temps des exclamations dans le genre de celles-ci, en les entremêlant de profonds soupirs : « Oh! ma chère demoiselle !... ma bonne petite maîtresse, répondez donc à votre vieille Marianne!... Mademoiselle Clémence, parlez-moi donc... Ah ! mon Dieu ! mon Dieu ! elle ne m'entend pas... Serait-elle morte, oh ! mon Dieu ! »

— Calmez-vous, ma bonne femme, lui disait Amélie... elle n'est qu'évanouie; tout à l'heure elle reprendra ses sens... Tenez, il me semble qu'elle commence à respirer. »

En ce moment, la maîtresse du café établi sous le quinconce voisin, instruite de l'événement, accourait avec une bouteille de vinaigre; c'était aussi l'instant où Mme de Fonviel arrivait avec son flacon, et tandis qu'elle s'empressait de le placer sous les narines de la malade, Amélie lui frottait les tempes avec son mouchoir imbibé de vinaigre.

Ces stimulants énergiques produisirent bientôt leur effet; la vie sembla revenir peu à peu à la jeune personne; quelques soupirs, faibles d'abord, puis plus profonds; quelques mouvements peu prononcés, furent les premiers indices de ce réveil. Puis ses yeux se rouvrirent, sa tête se releva, et ses regards étonnés se portèrent autour d'elle, comme pour rassembler ses idées et chercher pourquoi elle se trouvait entourée d'un si grand nombre de personnes qu'elle ne connaissait pas. Une rougeur presque imperceptible colora ses joues ; puis ses yeux ayant rencontré ceux de sa bonne qui étaient mouillés de larmes, elle lui dit, d'une voix si faible qu'à peine ses plus proches voisines pouvaient l'entendre : « Mais qu'est-il donc arrivé, ma bonne Marianne ? Pourquoi pleures-tu ?

— Mais, Mademoiselle, je ne pleure pas, répondit la brave fille en s'essuyant les yeux et en s'efforçant de sourire...; seulement vous m'avez fait grand'peur quand vous êtes tombée tout à l'heure... Vous êtes-vous fait du mal ? souffrez-vous ?

— Ah ! oui, c'est vrai, je suis tombée..., je me le rappelle...; moi aussi j'ai eu peur...; mais je ne souffre pas... Mon Dieu, tout tourne encore autour de moi.

— Elle va encore se trouver mal, dit Mme Brizieux ; Amélie, fais-lui vite respirer du vinaigre.

— Mesdames, dit la maîtresse du café, cette pauvre demoiselle est bien mal au milieu de tout ce monde pour recevoir les soins dont elle a besoin ; peut-être faudrait-il la déshabiller, ou tout au moins la délacer ; si vous le voulez, Mesdames, je mets ma chambre à coucher à votre disposition, et si vous acceptez mon offre, nous allons y transporter sur-le-champ la malade. »

La limonadière s'adressait en parlant à Mmes Brizieux et de Fonviel et à Amélie, qu'elle supposait parentes ou tout au moins amies intimes de la jeune malade.

« Vous entendez, dit Mme Brizieux à Marianne, ce que propose Madame; je crois qu'elle a raison. Consentez-vous à ce que l'on transporte votre jeune maîtresse chez elle, où évidemment elle sera mieux qu'ici pour recevoir les premiers soins que réclame son état?

— Oh! oui, Madame, tout ce que vous voudrez, tout ce que vous croirez utile pour cette chère demoiselle, je suis prête à le faire. »

Aussitôt la limonadière fait signe à une robuste servante qui l'avait accompagnée; celle-ci prend la jeune fille dans ses bras, l'enlève comme elle eût fait d'un enfant, et se dirige vers le café, précédée de sa maîtresse, qui s'avance la première pour faire écarter la foule. Amélie marche à côté de la servante, prête à l'aider au besoin. Mme Brizieux et Marianne suivent de près. Mmes de Monval et de Fonviel, jugeant leur présence inutile, sont retournées prendre leur place sur la terrasse.

Pendant le court trajet du banc au café,
Mᵐᵉ Brizieux dit à Marianne : « Aussitôt que
nous aurons donné les premiers soins à votre
jeune maîtresse, vous ferez bien d'envoyer prévenir ses parents, qui aviseront au moyen de la
transporter chez eux.

— Hélas! Madame, répondit Marianne en soupirant, et avec des larmes dans la voix, la pauvre
enfant n'a plus ni père ni mère, ni aucun proche
parent qui s'intéresse à elle... Elle n'a plus que
moi au monde!... » Ces derniers mots furent à
peine articulés au milieu des sanglots.

« Pauvre enfant! » dit à demi-voix Mᵐᵉ Brizieux, comme se parlant à elle-même. En même
temps Amélie, qui avait entendu les paroles de
Marianne, retourna la tête du côté de sa mère, et
échangea avec elle un regard d'affectueuse pitié
pour l'orpheline.

On était arrivé au café. La limonadière introduisit la malade et les personnes qui l'accompa-
gnaient dans sa chambre; on plaça sur un sopha
la jeune fille, qui avait repris ses sens, mais dont
la faiblesse était extrême. A peine pouvait-elle
parler, et aux questions qu'on lui adressait pour

savoir si elle souffrait, et où elle souffrait, elle répondait d'une voix presque éteinte qu'elle n'é-
prouvait aucune souffrance.

Comme Mme Brizieux paraissait surprise de la
persistance de cet état de faiblesse, de cette atonie
générale, Marianne lui dit en soupirant : « Hélas!
Madame, il n'y a rien d'étonnant que ma pauvre
maîtresse soit si faible, elle vient de faire une
longue et dangereuse maladie qui l'a retenue au
lit pendant plus d'un mois. Il n'y a pas plus de
huit jours qu'elle est entrée en convalescence, et
c'est aujourd'hui sa première sortie.

— Quelle était sa maladie?

— De mon temps on l'appelait une fièvre pu-
tride; mais aujourd'hui, à ce qu'il paraît, on l'appelle une fièvre typhoïde.

— Une fièvre typhoïde!... Je ne m'étonne plus
maintenant qu'elle ait tant de peine à recouvrer
ses forces. Demeurez-vous loin d'ici?

— Non, Madame, nous demeurons au bas de
la rue Monsieur-le-Prince, vers le carrefour de
l'Odéon.

— Effectivement, il n'y a pas loin; ce trajet
n'a pas dû la trop fatiguer.

— Sans doute, si nous étions venues ici direc-

tement; mais Mlle Clémence est très-pieuse, elle
a voulu, à sa première sortie, faire une visite au
bon Dieu, pour le remercier de ce qu'il lui avait
rendu la santé. Nous sommes donc allées à Saint-
Sulpice, où elle a fait une prière d'actions de
grâces dans la chapelle de la Sainte-Vierge. En
sortant de l'église, je voulais qu'elle rentrât à la
maison; mais elle m'a dit avec son petit air câlin,
auquel je n'ai jamais la force de résister : « Ma
bonne petite Marianne, si tu étais bien gentille,
nous irions faire un tour au jardin du Luxembourg.
Je ne me sens nullement fatiguée, le temps est
magnifique, et il me semble que cela me ferait tant
de bien de me promener dans ces belles allées, de
m'asseoir à l'ombre de ces grands arbres et de
respirer ce bon air tout imprégné du parfum des
fleurs. » J'ai fait quelques objections; elle a insisté, j'ai fini par consentir. Nous nous sommes
donc acheminées vers le jardin, en passant par la
rue Férou. Après nous être reposées quelques instants sur un banc vers l'orangerie, Mlle Clémence
a entendu les chants d'une ronde de jeunes filles,
elle a témoigné le désir de s'en approcher. Nous
y sommes allées. Elle s'amusait beaucoup de voir
le mouvement et l'animation qui régnaient dans

cette danse, et surtout l'entrain et la gaieté de la
grande demoiselle qui la dirigeait. Je lui disais de
temps en temps : « Mademoiselle, ne restez pas
debout si longtemps; allons nous asseoir sur un
banc. — Non, non, disait-elle, je ne suis pas
fatiguée; encore un petit moment, ma bonne. »
Nous étions là depuis dix minutes environ, lorsqu'un petit garçon s'est amusé à faire tourner son
cerceau autour de nous; ce malheureux cerceau
est venu je ne sais comment heurter Mademoiselle,
s'empêtrer dans sa robe et dans ses jambes; et, en
voulant s'en dégager, elle a fait un faux pas, et est
tombée. J'ai poussé un cri de frayeur, qui a bouleversé les jeunes danseuses. Elles sont accourues
avec empressement m'aider à relever Mademoiselle; mais M¹¹ᵉ votre fille, que vous nommez, je
crois, Amélie, a montré plus qu'aucune autre un
zèle, un dévouement que je n'oublierai de ma vie.
A peine étions-nous assises sur le banc où M¹¹ᵉ Amélie m'avait aidé à transporter ma jeune maîtresse,
que vous êtes arrivée.

— Je ne m'étonne plus maintenant, dit Mᵐᵉ Brizieux, que sa chute ait occasionné une si forte
commotion; j'espère qu'un peu de repos la ré-
tablira promptement... Tenez, tandis que nous

parlons, une amélioration s'est déjà produite chez
elle. »

En effet, la jeune convalescente s'était à demi
relevée, une de ses mains soutenait sa tête, tandis
que son coude était appuyé sur le coussin du canapé; son autre main était dans les mains d'Amélie, qui, assise à côté d'elle, suivait avec anxiété
tous ses mouvements. Les yeux de Clémence en
s'ouvrant rencontrèrent ceux d'Amélie; un regard
sympathique s'échangea rapidement entre les deux
jeunes personnes.

« Comment vous trouvez-vous maintenant? »
dit Amélie à voix basse et du ton le plus affectueux.

A cette question, un léger sourire effleura les
lèvres de Clémence; ses yeux s'animèrent, et sa
main pressa la main d'Amélie. Ces signes muets
furent d'abord sa seule réponse. Amélie répéta sa
question en y ajoutant celle-ci : « Est-ce que vous
éprouvez quelque difficulté à parler? »

Alors Clémence, pressant de nouveau la main
qui n'avait pas cessé de tenir la sienne, sembla
faire un effort pour articuler ces quelques mots,
d'une voix douce, mais très-faible :

« Merci, Mademoiselle...; oh! que vous êtes

bonne!... Non, je ne souffre pas, seulement je me sens encore si faible qu'à chaque instant il me semble que je vais de nouveau m'évanouir...

— Ne parlez pas davantage, » interrompit Amélie; puis, faisant signe à sa mère, qui causait avec Marianne, elle lui répéta ce que venait de dire la malade.

Mme Brizieux dit alors à la bonne : « Votre jeune maîtresse, depuis qu'elle est entrée en convalescence, n'est plus, je pense, assujettie à une diète sévère?

— Non, Madame, seulement le médecin a ordonné pendant un certain temps un régime qui consiste à manger peu à la fois, mais souvent, des aliments légers et d'une facile digestion.

— Y a-t-il longtemps qu'elle a fait son dernier repas?

— Un peu avant de sortir; vers midi elle a pris un potage au gras et a mangé un œuf à la coque.

— Il est près de quatre heures, et le grand air a dû depuis longtemps lui faire digérer un pareil déjeuner; il n'est pas étonnant que son estomac éprouve des besoins, et c'est là probablement la cause de l'extrême faiblesse qu'elle ressent.

— J'y avais bien pensé aussi, et c'est pour cela que je la pressais de rentrer afin de la faire collationner.

— Eh bien, maintenant, il faut qu'elle collationne avant de rentrer... » Et comme Marianne s'apprêtait à faire quelque observation, Mme Brizieux s'empressa d'ajouter : « Ceci me regarde...; attendez-moi un instant. »

Mme Brizieux sortit de la chambre, et un instant après elle rentra accompagnée de la limonadière, qui apportait sur un plateau un bol de bouillon, une assiette garnie de biscuits et un pot de confitures; venait ensuite la servante, qui mit le couvert sur une petite table ronde, sur laquelle elle plaça un petit pain, une carafe, une bouteille de vin et deux verres. Puis elle approcha la table du canapé.

« Amélie, dit Mme Brizieux, voici l'heure où tu as l'habitude de collationner; j'ai pensé que tu ne serais pas fâchée d'offrir à Mademoiselle de partager avec toi ton repas de quatre heures. Après la secousse qu'elle a éprouvée, elle doit avoir besoin de prendre quelque chose.

— Oh! ma bonne mère, s'écria Amélie, l'excellente idée que vous avez eue là!... » Puis, s'adressant à la convalescente : « Voilà, Mademoiselle, de quoi vous rendre vos forces; avalez ce bouillon, prenez un peu de vin avec ce biscuit, et après cela vous pourrez venir, non pas seulement nous regarder, mais danser avec nous une ronde sous les marronniers. »

Tout cela était dit avec une gaieté, une franchise, un entrain auquel il était difficile de résister. Cependant la jeune convalescente semblait hésiter, et elle interrogeait du regard sa bonne Marianne pour savoir ce qu'elle devait faire. Celle-ci le comprit, et elle s'empressa de dire : « Acceptez, Mademoiselle, l'offre obligeante de ces dames; vous avez réellement besoin de prendre quelque chose afin de retrouver les forces nécessaires, sinon pour danser, au moins pour regagner la maison.

— Et puis, reprit Amélie en souriant, vous n'auriez pas la cruauté de m'empêcher de manger, moi qui ai si bon appétit, et c'est pourtant ce qui arriverait si vous refusiez de me tenir compagnie; car je déteste de manger seule. Tenez, voilà de délicieuses confitures d'abricot; goûtez-y, et vous m'en direz des nouvelles. » En même temps elle coupait deux tartines de confitures et en plaçait une devant Clémence. « Ah! j'oubliais

2*

qu'avant de manger des confitures, vous devez prendre ce bol de bouillon...; pour celui-là, c'est un mets de convalescente, et je ne le partagerai pas avec vous. »

Clémence répondit gracieusement et de son mieux à ces avances cordiales. Elle fit honneur à la *dinette* improvisée, comme l'appelait Amélie, et bientôt elle éprouva un mieux sensible, qui se manifesta par le retour des couleurs sur les joues et une augmentation de force dans les membres. Sa voix avait repris son ton naturel, ses yeux leur expression habituelle de douceur et d'intelligence, et sa bouche souriait fréquemment et avec finesse aux saillies de sa jeune compagne.

Mme Brizieux regardait avec intérêt cette espèce de transformation qui s'opérait dans la jeune fille, tandis que Marianne suivait avec une joie indicible et à peine contenue ces signes annonçant progressivement son retour à un état normal.

Les jeunes personnes n'avaient pas encore achevé leur collation, lorsqu'une dame entra dans la chambre introduite par la limonadière. A sa vue, Amélie s'écria joyeusement : « Tiens ! Clotilde, ma sœur !... Restez assise, Mademoiselle, dit-elle à

Clémence, qui avait fait un mouvement pour se lever; ma sœur est femme d'un médecin, c'est comme si elle était médecin elle-même, et un malade ne se lève pas devant son docteur. Je ne vous en présente pas moins Mme Perceval, née Clotilde Brizieux, ma sœur aînée; et toi, ma sœur, j'ai l'honneur de te présenter Mlle Clémence...

— De la Terrade, acheva Marianne d'une voix presque solennelle.

— Mlle Clémence de la Terrade, répéta Amélie gravement, qui vient d'éprouver un petit accident...

— Je sais, je sais, interrompit Mme Perceval, et c'est pour cela que je suis venue jusqu'ici m'informer de ses nouvelles...; mais il paraît que vous allez mieux, Mademoiselle.

— Beaucoup mieux, Madame, grâce aux bons soins de Mme votre mère et de Mlle votre sœur.

— Tant mieux...; mais je vous en prie, achevez votre collation; ne vous dérangez pas, ou je m'en irai.

— Par quel hasard es-tu venue nous trouver ici? demanda Mme Brizieux à sa fille.

— Mon mari s'est trouvé libre cette après-midi, et nous avons résolu d'aller vous voir. Nous ne sommes pas allés chez vous, parce que nous savions bien que vous n'y étiez pas à cette heure, et nous sommes venus directement vous chercher sur la terrasse du Luxembourg, où nous étions sûrs de vous rencontrer; mais nous n'avons trouvé à votre place habituelle que Mmes de Fonviel et de Monval, qui étaient en train de faire une remontrance sévère à Benjamin au sujet de l'accident dont il avait été cause. Alors elles nous ont raconté ce qui était arrivé, et nous sommes venus ici vous voir, et savoir des nouvelles de Mademoiselle.

— Ton mari est avec toi? demanda Amélie.

— Oui, il est venu jusqu'au café, et il s'est assis à une table, où il lit le journal en m'attendant.

— Et pourquoi n'est-il pas entré avec toi? puisqu'il y avait une personne malade, n'était-il pas de son devoir, comme médecin, de s'offrir pour la soulager?

— Ma pauvre Amélie, tu parles bien comme une enfant...; M. Perceval n'est pas venu ici comme médecin, et les convenances ne lui permettaient pas d'entrer dans une chambre où se trouvait une jeune femme indisposée, à moins que l'on ne réclamât ses services. Mais, Dieu merci, je vois que la présence d'un médecin n'est pas nécessaire, et que le malaise de Mademoiselle est à peu près dissipé.

— C'est égal, reprit Mme Brizieux, je serais bien aise que ton mari vît notre jeune convalescente, si toutefois Mademoiselle y consent, » ajouta-t-elle en se tournant vers Clémence. Puis, s'adressant à la bonne : « Qu'en pensez-vous, mademoiselle Marianne? lui dit-elle.

— Pour ma part, répondit celle-ci, j'en serais enchantée; je crois que cela ne pourrait qu'être avantageux à ma maîtresse. Je ne pense pas que Mademoiselle y voie aucun inconvénient.

— Je n'en vois aucun, répondit Clémence, si ce n'est de déranger ce monsieur pour une chose qui n'en vaut pas la peine.

— Oh! qu'à cela ne tienne, reprit Mme Brizieux. Clotilde, ma fille, va dire à ton mari que je désire lui parler. »

Mme Perceval sortit, et presque aussitôt rentra avec le jeune docteur.

CHAPITRE III

La voiture aux chèvres.

Après les présentations d'usage, Mme Brizieux raconta à son gendre ce qui était arrivé, en ajoutant que Mlle Clémence était en convalescence, et que c'était sa première sortie; qu'elle avait été longtemps retenue au lit par la fièvre typhoïde, ce qui expliquait sans doute la facilité avec laquelle elle était tombée au moindre choc.

Quand il eut écouté attentivement sa belle-mère, le docteur demanda à Clémence si, lorsqu'elle était tombée, sa tête ou toute autre partie de son corps avait porté violemment contre terre de manière à lui occasionner quelque contusion, ou un ébranlement général dans l'intérieur.

« Non, répondit Clémence, je ne suis pas tombée violemment ni en avant, ni en arrière, ni de côté; je n'ai pas même ressenti le choc du cerceau qui, dit-on, a causé ma chute. Tout ce que je me rappelle, c'est que j'ai éprouvé une sorte d'éblouissement; les objets semblaient tourner autour de moi, en même temps mes jambes ont fléchi; je me suis affaissée sur moi-même; j'ai perdu connaissance, et je ne suis revenue à moi que lorsque je me suis retrouvée sur un banc entre Mlle Amélie et ma bonne Marianne.

— Permettez-moi, Mademoiselle, dit alors Mme Brizieux, de revenir sur un détail auquel j'attache une certaine importance pour un motif que vous connaîtrez tout à l'heure. Vous avez, dites-vous, à peine ressenti le choc du cerceau lancé contre vous, et vous ne paraissez pas bien sûre que ce soit cela qui ait occasionné votre chute. Dans tous les cas, pensez-vous que le petit garçon qui jouait avec le cerceau l'ait dirigé sur vous avec intention?

— Marianne pourrait mieux que moi dire ce qui s'est passé; car toute mon attention était portée sur la ronde que conduisait Mademoiselle, et à peine ai-je aperçu le petit garçon et son cerceau; cependant, s'il m'a touchée, je ne pense pas qu'il l'ait fait à dessein.

— C'est aussi mon opinion, reprit Marianne; je ne crois pas que cet enfant ait eu l'intention de lancer son cerceau sur Mademoiselle; c'est par hasard que ce malencontreux cerceau est venu, comme je vous l'ai dit tout à l'heure, s'embarrasser dans sa robe et dans ses pieds; mais quant à supposer que le petit monsieur ait eu en cela l'intention de faire une malice, c'est ce que je n'ai jamais soupçonné.

— Bien, reprit Mme Brizieux, c'est tout ce que je voulais savoir. C'est aussi ce que je pense de ce petit garçon. Je le crois un franc étourdi, un évaporé; mais je suis persuadée qu'il est incapable de commettre une méchanceté. Si vous voulez savoir, ajouta-t-elle en souriant, pourquoi j'ai de lui cette opinion, c'est qu'il est mon fils, le frère d'Amélie et de Mme Perceval.

— Oh! maman, pouvez-vous supposer que quelqu'un ait pu concevoir de tels soupçons à l'égard de ce pauvre petit Benjamin?

— Cela n'est pas impossible, reprit Mme Perceval; car tout à l'heure en passant sur la terrasse j'ai entendu Mme de Monval qui grondait fort

Benjamin; et celui-ci répétait en pleurant : « Je ne l'ai pas fait exprès; » ce qui peut faire supposer que Mme de Monval l'accusait d'avoir agi avec malveillance.

— Oh! Mme de Monval, reprit Amélie, je ne sais vraiment pourquoi elle en veut tant à ce pauvre chérubin... Vous verrez, Mademoiselle, ajouta-t-elle en s'adressant à Clémence, quand vous le connaîtrez, car je veux vous faire faire sa connaissance, que vous ne pourrez vous empêcher de l'aimer.

— Ce ne sera pas difficile, pour peu qu'il vous ressemble, Mademoiselle, répondit Clémence en souriant.

— Allons, Madame, reprit M. Perceval, voilà un incident vidé, comme disent les avocats; revenons un peu à Mademoiselle, et permettez-moi de lui adresser encore une ou deux questions. Éprouvez-vous encore quelque malaise?

— Non, Monsieur; je me sens, au contraire, beaucoup mieux depuis que j'ai collationné.

— Vos forces sont-elles revenues? Essayez un peu de marcher dans cette chambre. »

Clémence se leva, fit quelques pas, s'arrêta, se mit à marcher, puis vint se rasseoir sur le canapé en disant : « C'est singulier, je marche assez facilement ; mais quand je m'arrête, il me semble que mes jambes vont encore fléchir.

— Ceci n'a rien d'étonnant ; j'ai vu souvent des convalescents ne pouvoir rester debout immobiles pendant quelques secondes, et marcher cependant avec facilité pendant un certain temps. Peut-être aussi êtes-vous sortie un peu trop tôt.

— Je ne suis sortie que d'après le conseil du médecin qui m'a soignée pendant ma maladie, et qui m'a engagée à profiter des beaux jours de la saison.

— Il a eu raison : c'est, en effet, le moyen le plus efficace pour recouvrer vos forces ; mais il faut prendre garde, les premiers jours surtout, de ne pas vous fatiguer ; et c'est, je le crains, ce que vous avez fait aujourd'hui. Quel est le médecin qui vous a donné des soins ?

— C'est M. le docteur Brosseau.

— Vous ne pouvez être en meilleures mains. C'est un des princes de la science, dont je m'honore d'avoir été l'élève.

— Il m'a dit effectivement d'éviter la fatigue, et il se pourrait bien qu'aujourd'hui je n'eusse pas suivi exactement son conseil.

— Pour moi, cela ne fait pas de doute, et c'est à cette fatigue qu'il faut attribuer l'évanouissement que vous avez éprouvé, et la grande faiblesse que vous ressentez encore. Pour ne pas vous priver du bienfait de la promenade au grand air, je vous engage, au moins jusqu'à ce que vos forces soient bien revenues, à faire cette promenade quotidienne en voiture découverte, en mettant pied à terre de temps en temps, afin d'exercer graduellement vos jambes à la marche. Je vous conseille même de prendre aujourd'hui une voiture pour retourner chez vous; car il ne serait pas prudent de faire à pied ce trajet, quelque court qu'il soit.

— Je sens, Monsieur, que vous avez raison. Voudriez-vous, ma bonne, ajouta-t-elle en s'adressant à Marianne, avoir la complaisance d'aller chercher une voiture à la station la plus proche, car je désire rentrer le plus tôt possible?

— Si Mademoiselle le permet, je vais charger un des garçons de café de faire cette commission; car je serais trop inquiète de m'éloigner un seul instant de Mademoiselle en ce moment.

— Comme vous voudrez, ma bonne; mais vous

avez tort d'être inquiète quand vous me voyez entourée de personnes si obligeantes, et qui m'ont prodigué les soins les plus délicats et les plus intelligents.

— Oh! je ne crains pas que vous manquiez de bons soins en mon absence; mais que voulez-vous, quand je ne vous vois pas, je suis toujours tourmentée. Pardonnez cette sollicitude à votre bonne vieille Marianne, qui vous aime autant qu'une mère puisse aimer son enfant.

— Vous savez bien, ma bonne chérie, que je n'en doute pas, et vous savez aussi que vous êtes payée de retour...; allez donc prévenir le garçon. »

Dès que Marianne fut sortie, Mme Brizieux dit à Clémence : « Vous avez là une domestique qui vous paraît bien dévouée.

— Oh! Madame, répondit Clémence avec une émotion à peine contenue, vous ne sauriez vous faire une idée de son dévouement pour ma famille et pour moi : c'est quelque chose d'admirable, de sublime, qui me pénètre envers elle de reconnaissance, de respect, de la plus tendre affection. Aussi, quoiqu'elle ne veuille pas m'appeler autrement que sa maîtresse, et qu'elle exige que je l'appelle

simplement « ma bonne », je suis loin de la regarder comme une domestique, et j'ai pour elle toute
la tendresse et le respect que l'on doit à sa mère. »

Ici Clémence fut interrompue par le retour
de Marianne, qui entrait avec la limonadière.
« Voici bien une autre histoire, dit la bonne fille
d'un air mécontent; voilà Madame qui prétend
qu'on ne peut faire entrer une voiture particu-
lière dans le jardin du Luxembourg sans l'autorisation du gouverneur du palais.

— Cela me paraît fort probable, dit M. Perceval; autrement chacun pourrait s'y promener en
voiture.

— Comment faire alors? dit M{{me}} Brizieux.

— Rien n'est plus facile, Madame, reprit la limonadière; il suffit de demander cette autorisation
au gouverneur, ou même à l'adjudant; jamais on
ne la refuse, surtout pour un cas pareil à celui
qui se présente. Si mon mari était ici, il se serait
chargé volontiers d'aller chercher cette permission; mais une de vous, Mesdames, ou, mieux
encore, Monsieur, qui est médecin, peut faire
cette démarche, la permission lui sera sur-le-
champ accordée.

— Je vais y aller, dit M. Perceval; seulement

dites-moi où se trouve le bureau ou le logement du gouverneur.

— Il faut sortir du jardin et entrer par la porte principale qui fait face à la rue de Tournon. Vous vous adresserez au concierge, en lui faisant connaître le motif qui vous amène, et il vous indiquera l'endroit où vous devez aller.

— Je ne permettrai pas, Monsieur, dit alors Clémence, que vous preniez toute cette peine. Avec l'aide de Mlle Amélie et de ma bonne Marianne, je sens que je pourrai, sans trop de difficulté, gagner une des sorties du jardin; là on fera venir une voiture, et nous n'aurons besoin de faire aucune démarche.

— Eh bien! moi, s'écria tout à coup Amélie, il me vient une idée... Oh! mais une idée excellente, qui procurera ici même, à Mlle Clémence, une voiture fort douce, fort commode, et cela sans avoir besoin de la permission du gouverneur, de l'adjudant du palais, ni de qui que ce soit. Si maman le permet, je vais la chercher à l'instant.

— Que veux-tu dire, petite fille? interrogea Mme Brizieux; quelle extravagance te passe par la tête?

— Maman, je parle très-sérieusement, et je
vous assure que mon idée n'est nullement extravagante; pour vous le prouver, je demande la
permission à ces dames de vous communiquer à
vous seule cette idée; après cela, si vous l'approu-
vez, je la mettrai sur-le-champ à exécution;
sinon vous n'en parlerez pas, et il n'en sera plus
question.

— Ces dames te le permettent, dit en souriant
Mme Brizieux; voyons qu'elle est cette fameuse
idée. »

Amélie s'approcha de sa mère, et, la condui-
sant dans l'embrasure d'une croisée, elle lui dit
quelques mots à voix basse. A mesure qu'elle
parlait, sa mère souriait, en l'écoutant, d'un air
approbatif; ce que remarquant Amélie, elle s'é-
cria en frappant joyeusement dans ses mains :

« N'est-ce pas, maman, que mon idée est
bonne?

— Elle n'est pas aussi extravagante que je le
craignais; reste à savoir si elle conviendra à
Mlle Clémence.

— Oh! je vous en prie, ne lui en parlez pas
avant qu'elle ait vu ce dont il s'agit. Alors elle
pourra décider si la chose lui convient, ou non.

— Allons, je te le promets, va vite chercher ta voiture.

— Merci, maman, » dit Amélie; et elle sortit en courant.

« Qu'elle est charmante, votre jeune demoiselle! dit la limonadière à Mme Brizieux. Elle a tellement grandi depuis deux ans, que j'avais peine à la reconnaître quand elle est entrée tout à l'heure avec Mademoiselle. C'est pourtant une de mes plus anciennes pratiques; et je me rappelle qu'elle n'était pas plus haute que cela quand elle venait tous les matins, avec son petit frère et sa bonne, prendre une tasse de lait chaud, que je leur servais là, sous cette tonnelle. Elle était déjà à cette époque gentille à croquer, et l'on pouvait bien prévoir qu'elle deviendrait un jour ce qu'elle est aujourd'hui, une belle et ravissante demoiselle...

— Maman, dit Mme Perceval, interrompant les souvenirs rétrospectifs de la bonne limonadière, quelle voiture est donc allée chercher Amélie?

— Tu sais que j'ai promis à ta sœur de garder le secret jusqu'à son retour.

— Ah! je m'en doute; je parierais que c'est la voiture de la mère Brigitte... Tenez, la voici...

j'entends les grelots. Il n'y a qu'Amélie pour avoir
de ces imaginations-là, » ajouta-t-elle en riant.

En effet, on entendait un grand bruit de grelots qui se dirigeait vers le café ; et bientôt Amélie entra joyeusement, et, s'approchant de Clémence, elle lui dit avec une gravité comique :
« Mademoiselle, votre équipage et prêt ; voyez
s'il vous convient : vous pouvez monter en voiture quand vous voudrez, et vous faire conduire
jusque chez vous, ou tout au moins jusqu'à la
sortie du jardin, où vous prendrez une autre voiture si celle-ci vous parait indigne de vous conduire plus loin. »

Clémence, appuyée sur le bras que lui tendait
Amélie, se leva et s'approcha de la fenêtre pour
voir le fameux équipage qu'on lui annonçait avec
tant de solennité. Elle ne put s'empêcher de sourire en voyant une jolie petite calèche, attelée de
quatre chèvres, et qui sert à promener les enfants
dans le jardin du Luxembourg. Chacun connaît
ces *voitures aux chèvres* qui circulent dans les
Champs-Élysées, et qui font la joie des *babys* de
quatre, cinq et même de dix ans. Qui n'a rencontré souvent ces gentils équipages, avec un
cocher de cinq à six ans, gros garçon joufflu, se

3

tenant gravement sur le siége, un fouet à la main,
tandis que ses sœurs, petites filles aux joues
fraîches et roses, s'étalent dans le fond de la calèche, avec des airs de grande dame qui va se
promener au bois !

La *voiture aux chèvres* du jardin du Luxembourg
est tout aussi élégante que celle des Champs-
Élysées, et si elle ne peut pas compter comme
celle-ci sur une foule considérable de petits promeneurs, elle est à peu près sûre d'une clientèle
assez nombreuse d'habitués qui lui font rarement
défaut. Et puis la mère Brigitte, l'automédon de
ce char enfantin, est d'une complaisance rare pour
ses *petites pratiques,* comme elle les appelle, ce qui
la fait aimer de tous les enfants ; en même temps
elle se montre, dans l'exercice de ses fonctions de
conductrice de voiture, d'une prudence rare et
d'une attention soutenue : cela rassure les mamans, qui lui confient sans crainte leurs plus
jeunes bambins.

Amélie était une des anciennes connaissances,
et avait été longtemps une des plus fidèles habi-
tuées de la mère Brigitte. Aussi quand elle pro-
posa à celle-ci de reconduire chez elle une jeune
personne souffrante, la bonne femme s'empressa

de mettre à sa disposition sa calèche, ses chèvres et sa personne.

La vue de ce singulier équipage avait beaucoup égayé Clémence, et elle se montra toute disposée à en faire usage, d'autant plus qu'elle savait que cela ferait grand plaisir à Amélie. Toutefois la prudente Marianne crut devoir hasarder une objection :

« Pensez-vous, Madame, dit-elle en s'adressant à Mme Brizieux, qu'une voiture aussi légère, destinée seulement à recevoir de petits enfants, soit assez forte pour supporter le poids d'une grande personne comme Mademoiselle ?

— Je le crois, dit Mme Brizieux.

— Et moi j'en suis sûre, reprit Amélie, et je vais vous en donner la preuve sur-le-champ. » En disant ces mots, elle sortit de la chambre, s'élança dans la calèche, et, saisissant les rênes, elle s'écria : « Allons, *Cocotte*, *Amalthée*, la *Barbue*, la *Gourmande*, en avant ! » Et les quatre chèvres partirent au trop, décrivirent un long circuit dans le quinconce, et revinrent prendre leur place devant la porte du café.

« Eh bien, maintenant, mademoiselle Marianne, dit en rentrant Amélie, êtes-vous rassurée ? Croyez-vous que Mme Clémence, qui est certainement beaucoup moins lourde que moi, puisse sans danger monter dans cette voiture?... Savez-vous quelle pourrait nous porter toutes les deux, et même une troisième personne, sans le moindre inconvénient?

— Allons, dit Clémence, ma bonne Marianne n'a plus aucun sujet de crainte, et je suis prête à monter dans votre voiture.

— Et moi, si maman le permet, je vais vous accompagner en me tenant, comme *écuyère à pied,* à votre portière; de sorte que nous pourrons causer comme si nous nous promenions en nous donnant le bras. Le permettez-vous, maman?

— Je le veux bien, dit Mᵐᵉ Brizieux; seulement tu n'accompagneras Mademoiselle que jusqu'à la porte du jardin; puis tu viendras nous rejoindre sur la terrasse, où je vais retrouver ces dames. »

Clémence salua Mᵐᵉ Brizieux, et la remercia en quelques paroles bien senties des soins et des attentions qu'elle avait eus pour elle; puis elle monta dans la voiture.

Au moment où elle allait s'éloigner, Mᵐᵉ Brizieux lui dit du ton le plus gracieux : « Au revoir, Mademoiselle, à bientôt; car j'espère que le petit incident d'aujourd'hui ne vous aura pas dégoûtée de la promenade du Luxembourg. » Puis, accompagnée de sa fille aînée et de son gendre, elle se dirigea vers la partie de la terrasse où se trouvaient Mmes de Monval et de Fonviel.

En même temps la *voiture aux chèvres* se mettait en mouvement, emportant la convalescente, qui paraissait enchantée de son équipage improvisé, et ne cessait d'adresser à Amélie les remercîments les plus vifs pour les attentions délicates et les soins qu'elle lui avait prodigués.

Celle-ci, qui se tenait à la portière de la petite voiture, tandis que Marianne occupait l'autre côté, interrompit Clémence au milieu des démonstrations de sa reconnaissance, en lui disant, avec son air de joyeuse humeur : « Oh ! Mademoiselle, je vous en prie, trêve de remercîments, ou vous me mettrez dans l'embarras pour vous répondre. Ce que j'ai fait était si naturel, que cela ne vaut pas la peine d'en parler. En pareille circonstance, vous en auriez fait autant pour moi, n'est-ce pas ?

— Oh ! certainement, et de grand cœur.

— Je n'en doute pas, et comme l'intention est réputée pour le fait, vous êtes quitte envers moi. Laissons donc cela de côté, et parlons d'autre

chose. Comment vous trouvez-vous dans votre calèche à chèvres ?

— Parfaitement, je ne me ressens plus du tout
de mon indisposition de tout à l'heure ; mes forces
me semblent si bien revenues, que je pourrais,
je crois, faire à pied le reste du trajet d'ici à la
maison.

— Pas d'imprudence, Mademoiselle, dit Amélie en affectant un petit ton sérieux, ou j'appelle
mon beau-frère le docteur, que j'aperçois d'ici,
et qui y mettra opposition. Ah ! seulement, si vous
vous trouvez bien dans la voiture, nous pourrions,
au lieu de nous rendre directement à la porte de
sortie, prolonger votre promenade dans le jardin ;
cela ne pourra que vous être salutaire, et à moi me
procurer le plaisir de rester auprès de vous un peu
plus longtemps.

— Je ne demande pas mieux. Qu'en pense ma
bonne Marianne ?

— Je pense que cela ne peut que vous faire du
bien ; car je vois avec plaisir que vos couleurs
reviennent, et du moment que vos jambes ne se
fatiguent pas, il est certain que ce genre de promenade ne peut, comme l'a fort bien dit M. le
docteur, que contribuer à votre rétablissement.

— C'est entendu, » dit Amélie; puis, élevant la voix : « Mère Brigitte, arrêtez votre attelage, et donnez un morceau de sucre à chacun de vos coursiers pendant qu'ils feront halte. » Et en même temps elle tendait à la mère Brigitte un petit sac rempli de sucre cassé. « Nous allons changer de direction. » Puis, s'adressant à Clémence : « De quel côté voulez-vous que nous allions? lui dit-elle.

— Où vous voudrez; je ne connais pas ce jardin : c'est aujourd'hui la seconde fois de ma vie que j'y viens, et je ne m'y reconnais pas du tout depuis trois ans que j'y suis venue pour la première fois.

— Oh! alors, je comprends que vous ne le reconnaissiez pas; car il a complétement changé depuis ce temps-là. Il y a des gens qui disent qu'on l'a mutilé; beaucoup d'autres, et je suis de ce nombre, prétendent qu'on l'a embelli; vous allez en juger. Allons, mère Brigitte, dirigez votre voiture dans l'allée de l'Observatoire jusqu'auprès de la nouvelle grille; puis vous tournerez à droite, vous traverserez le jardin anglais qui a remplacé l'ancienne pépinière; nous rentrerons sous le grand quinconce par l'allée qui conduit à l'orangerie, ensuite nous suivrons l'allée des platanes jusque devant le palais ; nous ferons le tour du grand parterre, nous saluerons en passant maman et ces dames qui sont sur la terrasse ; enfin, après avoir fait le tour du grand bassin, nous prendrons l'allée qui conduit à la grille de la rue Vaugirard, en face de l'Odéon. »

La voiture se mit aussitôt en marche, en suivant cet itinéraire, et les deux nouvelles amies, — car nous pouvons désormais leur donner ce nom, — se mirent à causer entre elles pendant tout le trajet, comme d'anciennes connaissances.

« Comment se fait-il, demanda Amélie à Clémence, qu'habitant si près du Luxembourg, vous l'ayez si peu fréquenté ?

— Mais je n'habite pas dans le voisinage du Luxembourg ; je n'y suis que depuis ma maladie, dans une chambre dépendante du petit logement qu'occupe ma bonne Marianne ; car elle a voulu m'avoir auprès d'elle pour me soigner, au lieu de me mettre dans une maison de santé comme on le proposait.

— Et où demeuriez-vous avant votre maladie ?

— Dans une pension à Passy, où j'ai été élevée dès l'âge de huit ans, et où j'avais été placée par mon pauvre père quelque temps avant sa mort. »

En prononçant ces derniers mots, la voix de Clémence s'était altérée, et des larmes étaient près de couler de ses yeux. Amélie, craignant d'être indiscrète et de réveiller des souvenirs pénibles cessa ses questions et se hâta de changer le sujet de la conversation. Alors leur causerie devint de plus en plus affectueuse, et au moment de se séparer, Amélie dit à Clémence : « Je vous quitte, Mademoiselle, mais avec l'espoir de vous revoir demain. Je serai dans une inquiétude mortelle jusqu'à ce que je vous aie vue, ou que j'aie reçu de vos nouvelles. Vous nous trouverez à la même heure et à la même place qu'aujourd'hui.

— J'espère bien, répondit Clémence, qu'aucun obstacle ne m'empêchera de me trouver à votre aimable rendez-vous ; je regarde comme un devoir, en même temps que ce sera un bonheur pour moi de n'y pas manquer. Ce qui me donne cet espoir, c'est que, grâce à vos bons soins, je me sens parfaitement remise de ma fatigue et même plus forte que quand j'ai quitté ma chambre : et la preuve, c'est que je veux faire à pied le reste du trajet d'ici à la maison. » En disant ces mots, elle descendit légèrement de la voiture embrassa tendrement Amélie, et prit le bras de Marianne, en disant : « Je pourrais même me passer de votre bras, ma bonne chérie; et si je le prends, c'est uniquement pour ne pas vous contrarier.

— A la bonne heure! s'écria Amélie, je vois avec joie que réellement cela va mieux. A demain donc encore une fois. » Et elle l'embrassa de nouveau, puis elles se séparèrent.

Clémence et sa bonne traversèrent la rue de Vaugirard, et gagnèrent les galeries de l'Odéon, tandis qu'Amélie retournait en toute hâte sur la terrasse de l'ouest.

CHAPITRE IV

Le docteur Brosseau. — Son récit.

Amélie, en arrivant sur la terrasse, trouva sa mère entourée d'une société beaucoup plus nombreuse que d'habitude. Il y avait là, outre les amies intimes dont nous avons parlé, outre M. et Mme Perceval, un grand nombre de personnes plus ou moins connues d'Amélie, et, entre autres, un monsieur d'un certain âge, vêtu de noir, cravaté de blanc, qu'elle ne connaissait pas du tout. Ce monsieur avait quelque chose de sérieux et de grave dans la physionomie, adouci toutefois par un sourire fin, et en même temps bienveillant et gracieux ; ses yeux étaient vifs et brillaient d'intelligence, le son de sa voix était doux et pénétrant, sa parole était abondante et facile.

Lorsque Amélie arriva, ce monsieur parlait, et chacun l'écoutait avec attention et en faisant un profond silence. Elle entendit qu'il était question de Clémence, et, en faisant le moins de bruit possible, elle tâcha de gagner auprès de sa mère une place que celle-ci lui avait réservée. Mais le monsieur, en l'apercevant, se tut un instant, et se tournant vers Mme Brizieux, il lui dit : « Demandez à mademoiselle votre fille, qui vient d'accompagner notre convalescente, comment elle allait quand elle l'a quittée. »

Amélie, en entendant qu'on parlait d'elle, rougit et regarda sa mère comme pour lui demander ce qu'elle devait faire. Mme Brizieux s'empressa de lui dire : « M. le docteur Brosseau, qui a soigné Mlle Clémence pendant sa maladie, veut bien, à la demande de M. Perceval, nous donner quelques détails sur cette jeune personne, à laquelle il sait que nous portons tous un vif intérêt ; tu as entendu la demande qu'il t'adresse par mon intermédiaire ; tu dois donc y répondre. »

Amélie, en baissant les yeux, dit d'une voix un peu émue par la timidité : « Mlle Clémence se sentait beaucoup mieux lorsque je l'ai quittée ; elle a voulu s'en aller à pied depuis la grille du jardin ;

je l'ai suivie des yeux jusqu'à ce que je la perdisse de vue ; elle marchait d'un pas ferme et assuré, et c'était, je crois, par complaisance plutôt que par nécessité qu'elle donnait le bras à sa bonne. »

Avant d'aller plus loin, nous devons expliquer à nos lecteurs par quel hasard le célèbre docteur se trouvait au milieu de cette société réunie sur la terrasse du Luxembourg. D'abord, c'est qu'il habitait depuis longtemps le quartier, ayant fixé sa résidence dans cette partie du faubourg Saint-Germain, pour être plus à portée de l'École de médecine, dont il était un des plus éminents professeurs. Puis il aimait cette promenade, et chaque fois que ses travaux scientifiques, ou les soins à donner à sa clientèle, le lui permettaient, il ne manquait pas d'y venir passer une demi-heure, quelquefois une heure, rarement plus. Seulement il ne s'asseyait jamais ; il parcourait d'un pas rapide les allées les plus solitaires. Il était facile de voir que quelques pensées sé-rieuses, peut-être quelque problème aride de la science, occupaient son esprit, tandis que son corps se livrait à cet exercice hygiénique. Quoi-qu'il fût connu d'un grand nombre des prome-neurs habituels, il était bien rare qu'il liât conversation avec quelques-uns; il se contentait d'échanger quelques paroles rapides avec ceux qu'il connaissait d'une manière plus intime. Quelquefois, cependant, si l'on venait à lui parler d'un objet ou d'un sujet qui l'intéressât vivement, il n'était pas difficile de le faire sortir de sa réserve habituelle, et alors on en obtenait tous les éclaircissements et tous les détails que l'on pouvait désirer. C'est ce qui était arrivé dans la circonstance qui nous occupe.

Lorsque Mme Brizieux, accompagnée de son gendre et de sa fille, eut rejoint ses amies sur la terrasse, d'autres dames de sa connaissance se rapprochèrent d'elle pour avoir des détails sur la jeune personne dont l'accident avait mis un instant en émoi tous les promeneurs. Personne ne la connaissait, et la première question qu'on adressa à Mme Brizieux fut si elle savait quelle était cette jeune fille. « Tout ce que je sais, répondit Mme Brizieux, c'est qu'elle se nomme Clémence de la Terrade et qu'elle est orpheline de père et de mère.

— De la Terrade! ce nom m'est tout à fait inconnu, répétèrent l'une après l'autre chacune de ces dames.

— Attendez! s'écria Mme de Monval, il me semble qu'il y avait un la Terrade qui occupait un emploi assez élevé à la cour de Charles X; vous devez vous en souvenir, vous, madame de Fonviel, qui aviez vos entrées à la cour.

— Oh! j'étais si jeune alors, ou plutôt si enfant, que j'ai oublié la plupart des noms des personnes avec lesquelles mes parents n'avaient pas des rapports fréquents. Cependant... oui... je me rappelle confusément ce nom de la Terrade; il était, je crois, attaché à la maison de Monseigneur le Dauphin.

— Pardon, Madame, reprit une dame dont le mari avait été garde du corps, je crois qu'il était major ou lieutenant-colonel des grenadiers à cheval de la garde royale.

— Mesdames, dit M. Perceval, j'aperçois en ce moment quequ'un qui pourra éclaircir vos doutes, et vous renseigner sur la famille de la jeune personne à laquelle vous vous intéressez. C'est le docteur Brosseau, qui l'a soignée pendant sa maladie, et qui connaît probablement sa famille. Il se dirige de notre côté, et je vais l'engager à venir lui-même vous donner les renseignements que vous désirez. »

Toutes les personnes qui se trouvaient là réu-
nies connaissaient le docteur, et plusieurs même
étaient ou avaient été ses clientes. Lorsque M. Perceval lui eut manifesté le désir de ces personnes,
et lui eut raconté l'accident survenu à Mlle Clémence, il ne fît aucune difficulté de se rendre à
son invitation.

Son apparition au milieu de la société de la terrasse fut accueillie par des marques de déférence
et de sympathie. Les hommes se levèrent et lui
serrèrent la main, les dames saluèrent en s'incli-
nant. Le docteur, après avoir répondu gracieusement à cet accueil flatteur, entra sur-le-champ en
matière, comme un homme dont le temps est pré-
cieux et qui n'a pas le loisir de le perdre en vains
compliments. « Mesdames, dit-il avec ce sourire
qui lui était familier, mon jeune confrère et
ami vient de m'apprendre que vous avez été tout
à l'heure vivement émues par l'accident arrivé à
une jeune personne à qui j'ai donné des soins. Je
vous remercie d'abord de l'intérêt que vous por-
tez à cette jeune fille, parce qu'elle est digne de
l'estime et de l'intérêt de tous les gens de bien;
ensuite, d'après ce que m'a dit M. Perceval, je
crois pouvoir vous rassurer sur les suites qu'aurait

pu entraîner cet accident dans l'état de convalescence et de faiblesse où elle se trouve. La maladie
qu'elle vient d'éprouver a été grave sans doute;
mais elle n'a offert aucun danger sérieux, aucune
complication alarmante. Elle a suivi son cours naturel et régulier, non pas grâce aux prescriptions
du médecin, je dois humblement en faire l'aveu,
mais grâce aux soins attentifs, soutenus, intelligents, ou, pour tout dire en un mot, grâce aux
soins *maternels* (il souligna ce mot en le prononçant) d'une personne dévouée. Depuis huit jours
déjà, la fièvre et tout danger ont entièrement disparu, et la convalescence a commencé. Depuis deux
à trois jours, j'avais conseillé la promenade en
voiture; mais je n'ai pas insisté, parce que ce
genre de promenade est coûteux, et la maladie
avait entraîné à des dépenses qui depuis longtemps avait dû rompre l'équilibre du petit bud-
get de la pauvre orpheline; alors je l'ai engagée
à venir au Luxembourg quand le temps le permet-
trait... »

Ici le docteur fut interrompu par l'arrivée d'A-
mélie, et, après avoir entendu sa réponse à la question qu'il lui avait adressée, le docteur reprit :
« Vous le voyez, Mesdames, comme je viens de le

dire, le petit accident d'aujourd'hui n'a pas eu de suites comme vous le craigniez, et n'en aura pas, je l'espère, grâce à la prudence et aux soins attentifs de la personne dont je vous ai parlé.

— Quoi qu'en dise votre modestie, mon cher docteur, reprit Mme de Fonviel, il est heureux pour elle qu'elle soit tombée entre vos mains; sans cela elle eût couru grand risque de ne pas en réchapper; chacun connaît votre habileté pour la cure de ces sortes de maladies, et je puis en parler mieux que personne, car c'est à vous que je dois la conservation de la vie de ma petite Fanny, atteinte d'une fièvre typhoïde des plus dangereuses.

— Mon Dieu, Madame, je ne veux pas me parer d'une fausse modestie, ni prétendre que ma longue expérience soit sans influence sur le résultat des soins donnés par moi aux malades qui me sont confiés; mais je n'ai pas non plus la sotte prétention de croire que ces soins ont contribué seuls à leur guérison : souvent des causes indépendantes de notre volonté y ont aidé plus que nous-mêmes; comme aussi il arrive trop souvent que la survenance d'une complication impossible à prévoir dérange toutes nos prévisions, et rend tous nos efforts inutiles. J'en ai fait plus d'une fois la triste expérience; et tenez, cela me rappelle, ajouta-t-il en soupirant, que la mère de cette jeune personne dont nous nous occupons en ce moment, est morte à l'âge de vingt-sept ans, malgré tous mes soins et lorsque je m'y attendais le moins, de la même maladie à laquelle sa fille vient d'échapper.

— Vous connaissez donc d'ancienne date la famille de cette jeune personne?

— Depuis près de quarante ans.

— Est-elle parente d'un M. de la Terrade qui était, je crois, chambellan du roi Charles X, ou, comme le prétend Mme Gozlin, qui était colonel d'un régiment de la garde royale?

— Ce n'est pas le même personnage; ce sont deux individus différents, le père et le fils. Le premier, le comte de la Terrade, était un des six menins de Monseigneur le Dauphin, et en même temps il était chambellan du roi. Son fils, le vicomte de la Terrade, était, en effet, officier supérieur dans la garde royale, et il venait d'être nommé lieutenant-colonel des grenadiers à cheval lorsque éclata la révolution de juillet 1830. Mlle Clémence est la fille de ce dernier, et par

conséquent la petite-fille du comte de la Terrade. Tous deux, après les journées de juillet,
suivirent les princes exilés, comme ils les avaient
suivis à l'époque de la première émigration. Le
vieux comte de la Terrade fut ruiné par la révolution de 1830; mais il supporta noblement les
revers de fortune.

« J'étais bien jeune, Mesdames, lorsque j'ai
connu ce vieillard; j'étais loin de partager ses
opinions, et plus d'une fois il lui est arrivé, dans
nos discussions sur les événements du jour, de me
traiter de *jacobin*, parce que je me montrais par-
tisan des idées nouvelles; cependant, je l'avoue,
ce caractère franc, entier, convaincu, était pour
moi un sujet d'admiration. Oui, je l'admirais
comme on admire ces belles médailles antiques,
qui n'ont plus cours comme monnaie, mais dont
l'or sans alliage a conservé intacte l'empreinte
qu'il a reçue primitivement, sans que l'action
du temps ni des éléments divers en aient altéré la
pureté.

« Son fils partageait sans doute les idées de
son père, mais avec moins d'enthousiasme; il
avait la même foi politique, seulement il n'avait
pas la même confiance dans le succès.

« En 1838 le père mourut à l'étranger ; car il
n'avait jamais voulu rentrer en France depuis 1830.
Après la liquidation de sa succession, son fils re-
connut qu'il ne lui restait plus, de l'immense fortune qu'avait possédée son père, qu'une petite
ferme dans les environs de Meaux en Brie. Deux
fois il l'avait mise en vente sans pouvoir trouver
d'acquéreur. Il s'apprêtait à la mettre en adjudi-
cation pour la troisième fois, lorsque la mort le
surprit. Ainsi la fortune personnelle du nouveau
comte de la Terrade se trouvait réduite à huit
cents francs de rente, que produisait cette petite
ferme de Brie. Il est vrai que la dot de sa femme
était intacte, et que les revenus qu'il en tirait
suffisaient pour entretenir sa maison, sinon avec
luxe, du moins d'une manière honorable, quoique
simple. Mais un nouveau malheur ne devait pas
tarder à le frapper.

« Deux mois après la mort de son père, son
fils, jeune garçon d'une dizaine d'années, et qui
faisait la joie de ses parents, se promenait un jour
avec sa mère sur les bords de la Marne, un peu
au-dessous de Joinville. L'enfant s'étant trop ap-
proché du bord, tomba dans l'eau, qui est très-
profonde en cet endroit. Sa mère, affolée, tout en

appelant du secours, se précipite dans le gouffre
dans l'espoir de sauver son fils. Les pêcheurs
accourus aux cris de la mère arrivèrent trop
tard, et ne retirèrent que deux cadavres enlacés,
que le courant avait entraînés à cent mètres plus
bas.

« Je n'essaierai pas de vous peindre la douleur
du malheureux père à la nouvelle de ce fatal événement; vous la comprenez mieux que je ne pourrais la décrire. Il se livra d'abord à un sombre
désespoir qui fit craindre un instant pour sa raison
ou pour sa vie. Il refusait de prendre aucune nour-
riture, et bientôt il tomba dans un état de faiblesse
tel, qu'il fut obligé de garder le lit. On m'appela
pour lui donner des soins; mais l'âme était plus
malade que le corps, et toute la science des médecins est impuissante à guérir ces sortes d'affec-
tions. Cependant, comme j'étais utant l'ami que
le médecin de M. de la Terrade, j'essayai de lui
faire entendre quelques-unes de ces consolations
qu'une amitié dévouée peut trouver en pareil
cas. Je m'aperçus bientôt que mes efforts étaient
inutiles. J'eus recours alors à un autre moyen.

« M. de la Terrade était un homme plein de foi
et pénétré de sentiments religieux; or la reli-

gion seule peut verser un baume salutaire sur les blessures de la nature de celles qu'il avait reçues. Dans cette pensée, j'allai en le quittant trouver l'abbé P***, de la paroisse de Saint-Sulpice, qui connaissait particulièrement M. de la Terrade. Comme vous le pensez bien, il s'empressa de se rendre auprès du malade; et aucune de vous, Mesdames, ne sera surprise quand je lui dirai que les consolations données par le vénérable ecclésiastique eurent plus de succès que les miennes. Sans doute il ne parvint pas à lui faire oublier son malheur; mais il réussit à ramener le calme et la résignation dans ce cœur ulcéré. Alors il me fut possible de lui faire entendre à mon tour quelques conseils dans l'intérêt de sa santé. Je l'engageai d'abord à aller passer quelque temps à la campagne.

« — Je suivrai ce conseil, me répondit-il en souriant tristement, avec d'autant plus de facilité qu'il ne m'est guère possible de faire autrement.

« — Comment? que voulez-vous dire? demandai-je avec anxiété.

« — Les parents de ma femme viennent de me réclamer sa dot...

« — Ils n'ont pas perdu de temps, repris-je avec amertume.

« — Ils étaient dans leur droit, et je me suis empressé de les satisfaire. Seulement, comme je n'ai plus maintenant pour vivre que le produit de ma ferme de Brie, et que ce revenu serait insuffisant si je continuais à résider à Paris, j'ai résolu d'aller habiter cette terre et de la faire valoir par moi-même. C'est le conseil que m'a donné l'abbé P***.

« — Ce conseil est excellent, repris-je, et je ne puis que vous engager à le suivre. Vous avez besoin, surtout en ce moment, d'éviter l'inaction, et vous ne pouvez choisir une occupation plus utile que celle-là sous tous les rapports. »

« Bref, M. de la Terrade alla s'établir dans la Brie, et se mit sérieusement à exercer les fonctions de propriétaire-cultivateur. Il avait pour voisin un de ses anciens compagnons d'armes, M. le baron de Beauvais, qui avait été aussi officier supérieur dans la garde royale, et qui, lui aussi, s'était fait cultivateur après la révolution de 1830. Il possédait un vaste domaine au milieu duquel s'élevait un beau château, où M. de Beauvais menait une existence de grand seigneur, tout

en s'occupant d'agriculture en amateur, ou plutôt en spéculateur. Il avait établi deux raffineries
de sucre, l'une près de son château, l'autre à
deux lieues, tout près de la ferme appartenant à
M. de la Terrade. Pour alimenter ces deux usines,
il avait planté des betteraves dans une grande
partie de son domaine, et de plus il avait engagé
les fermiers du voisinage à cultiver cette même
plante, dont il leur achetait le produit pour ses
raffineries.

« Lorsque M. de la Terrade vint se fixer dans sa
propriété, il alla faire visite à son opulent voisin.
Il en reçut l'accueil le plus amical et le plus empressé. M. de Beauvais était instruit des malheurs
qu'avait éprouvés le comte, et il s'efforça, avec
un zèle et une délicatesse infinis, de les adoucir,
de les faire oublier, s'il était possible. « Vous avez
eu une excellente idée, lui dit-il, de vous faire
agriculteur; c'est l'état qui convient le mieux à
ceux qui sont désabusés des rêves de l'ambition
et qui veulent vivre indépendants des variations
de la politique. Si vous avez besoin de moi, vous
me trouverez toujours prêt à vous aider de ma
bourse et des conseils que l'expérience m'a fait
acquérir. Je vous en prie, ne m'épargnez pas :

4

c'est le moyen de me prouver que vous avez conservé pour moi l'estime et l'amitié que vous me témoigniez autrefois, et dont j'étais si fier. »

« M. de la Terrade ne put s'empêcher de répondre à des avances si gracieuses et si cordiales. D'après les conseils du baron, son ami transforma en champs de betteraves une partie de ses terres. Le châtelain lui en acheta la récolte à un bon prix, et en peu de temps les revenus de la propriété du comte furent plus que triplés.

« Peu à peu la plus grande intimité s'établit entre les habitants du château et le maître de la petite ferme.

« Le baron de Beauvais avait deux enfants, un garçon et une fille. Le fils, jeune homme de vingt-cinq ans, se souciait fort peu, au grand chagrin de son père, d'agriculture, de fabrication de sucre et d'élèves de bestiaux. Il prétendait que de pareilles occupations étaient indignes d'un gentilhomme, et, semblable à l'enfant prodigue, après s'être fait remettre la part qui lui revenait dans la succession de sa mère, morte depuis dix ans, il passait son temps à Paris, où il menait la vie coûteuse et agitée des jeunes gens à la mode. Mlle Natalie, la fille du baron, était âgée de dix-huit ans.

Après avoir été élevée au couvent, elle était venue habiter au château, où sa présence avait ramené en quelque sorte la vie et la gaieté, qui en avaient disparu depuis la mort de la baronne. Le père était fou de sa fille, et il tremblait à l'idée qu'il serait peut-être forcé de s'en séparer en la mariant. Il n'y avait qu'un moyen d'éviter cette séparation qu'il redoutait si fort, ce serait de trouver un gendre qui consentît à habiter le château. Lorsque M. de la Terrade vint se fixer dans sa ferme, et qu'il eut renoué connaissance avec son ancien compagnon d'armes, le baron se disait : « Quel dommage que le comte soit un peu âgé pour ma fille; ce serait bien là l'homme qui me conviendrait pour gendre. » Puis, à mesure que la liaison entre eux devenait plus intime, M. de Beauvais trouvait qu'après tout son ami n'était pas trop vieux; il n'avait que quarante-deux ans; c'était vingt-quatre ans de plus que Natalie; mais on rencontrait souvent dans le monde des mariages plus disproportionnés, et qui n'en étaient pas moins heureux pour cela. L'essentiel était de sonder les dispositions des deux personnes qu'il désirait unir; car il est à remarquer que ce projet occupait sérieusement l'esprit du baron de Beauvais, avant de savoir si son ami songeait à se remarier, et, dans ce cas, s'il porterait ses vues sur sa fille, si celle-ci l'accepterait pour époux.

« Bref, il sut si bien s'y prendre, qu'un beau jour M. de la Terrade lui demanda sa fille en mariage, et que Mlle Natalie, consultée par son père, répondit qu'elle y consentait s'il trouvait ce mariage à son gré. Un mois après, la noce fut célébrée avec pompe au château, et le comte vint s'y installer comme associé de son beau-père, pour l'exploitation du domaine, les raffineries de sucre, les distilleries, etc. etc. L'apport de M. de la Terrade, dans cette société, avait été d'une part la dot de sa femme, et de l'autre son petit domaine contigu aux vastes propriétés du baron.

« Les premières années de cette union et de cette association furent marquées par une prospérité soutenue. L'accord le plus parfait régnait entre les nouveaux époux et entre les deux associés. La naissance d'un fils vint encore resserrer les liens qui unissaient ces trois personnes, et ajouter un degré de plus à leur félicité. Après les rudes tempêtes qui avaient agité sa vie, M. de la Terrade remerciait Dieu de l'avoir conduit dans un port tranquille, où il avait enfin trouvé le repos et le bonheur. Le bonheur !... hélas! il n'en est point de durable ici-bas, et M. de la Terrade devait bientôt en faire la triste épreuve.

'« Les seuls événements qui pendant ces premières années avaient parfois un peu troublé la sérénité qui régnait parmi les habitants du château de Beauvais, c'étaient les nouvelles que l'on recevait de temps en temps de la conduite désordonnée que menait à Paris le fils du baron. Depuis longtemps il avait mangé sa légitime, et plus d'une fois le père avait payé les dettes qu'il avait contractées pour soutenir ses débauches. Depuis le mariage de sa fille, M. de Beauvais s'était refusé à payer de nouvelles dettes de son fils ; mais, sur les instances de M. de la Terrade, il avait fini par y consentir pour l'honneur de son nom. Il était même allé, toujours sous la même influence, jusqu'à faire à cet enfant prodigue une pension de trois mille francs par mois, mais à la condition expresse qu'il ne contracterait plus de nouvelles dettes.

« Ces petites contrariétés, comme je l'ai dit, n'avaient en rien altéré le bonheur de la famille. Ce n'étaient que des pertes d'argent, insignifiantes au milieu de la prospérité dont jouissait l'établis-

sement fondé par le baron. Mais bientôt une perte
bien autrement pénible devait jeter une douleur
profonde dans le cœur des habitants du château.
Le jeune fils de M. de la Terrade mourut du croup
à l'âge de trois ans. Son père m'avait envoyé
chercher par un exprès...; j'arrivai au moment
où l'enfant venait de succomber.

« Ce fatal événement, qui ravivait dans le cœur
de ce père la plaie causée par la perte de son premier enfant, ne fut pas moins douloureux au cœur
de la jeune mère. Mais peut-être celui qui reçut le
coup le plus terrible de cette mort, ce fut le baron
de Beauvais. La conduite déplorable de son fils
avait depuis longtemps altéré sa tendresse paternelle pour cet enfant dénaturé. Il avait reporté
toute son affection sur sa fille et sur le fils de cette
fille chérie. Il faisait, avec son gendre, les plus
beaux rêves sur l'avenir de cet enfant. C'était pour
lui désormais qu'ils travailleraient ensemble à l'a-
grandissement de leur fortune, de sorte qu'un jour
il serait le digne représentant des deux nobles
maisons dont il était issu.

« M. de la Terrade, déjà éprouvé par une perte
de ce genre, et de plus soutenu par les sentiments
religieux dont il était pénétré, supporta avec plus

de courage que son beau-père ce malheur irréparable. Depuis cette époque, M. de Beauvais n'apporta plus la même activité à ses entreprises agricoles et industrielles. Il semblait indifférent à tout ce qui se passait autour de lui; il laissait ses régisseurs, ses contre-maîtres agir comme ils l'entendaient; et si M. de la Terrade n'eût pris l'initiative dans plusieurs circonstances, l'association aurait eu à supporter des pertes considérables. Malheureusement il manquait de l'expérience de M. de Beauvais, et il n'était pas en état de diriger seul une aussi vaste entreprise.

« Sur ces entrefaites éclata la révolution de février 1848. Elle eut des effets désastreux pour la prospérité de l'entreprise Beauvais et la Terrade. L'exploitation des raffineries fut abandonnée faute d'ouvriers et de débouchés des produits fabriqués. Cependant, après les premiers moments d'effervescence passés, les ouvriers revinrent demander de l'ouvrage. M. de Beauvais, stimulé par son gendre, consentit à leur en donner et à se remettre à la tête des affaires. Il y fut surtout encouragé par la naissance d'une enfant à laquelle Mme de la Terrade donna le jour à cette époque : c'était une fille, qui reçut au baptême le nom de

Clémence. C'est la même qui, devenue aujourd'hui une belle jeune personne, a si fort excité tout à l'heure votre intérêt. »

Ici le docteur fut interrompu par l'arrivée d'un nouveau personnage, qui s'introduisit familièrement dans le cercle formé par les auditeurs de M. Brosseau : c'était M. Brizieux qui venait, comme cela lui arrivait quelquefois quand ses occupations le lui permettaient, rejoindre sa femme et ses enfants à la promenade. Le docteur et lui échangèrent une poignée de main, et M. Brizieux lui dit en souriant : « Je ne m'attendais guère, mon cher docteur, à vous rencontrer ici ; mais, outre le plaisir qu'elle me procure, votre présence en ces lieux est un heureux symptôme pour la santé publique, et me prouve que les maladies font défaut en ce moment.

— Pas plus, mon cher maître, reprit le docteur avec son fin sourire, que votre présence ici n'est le signe d'une diminution dans l'épidémie de la chicane et dans la monomanie des procès.

— Alors, cela prouve simplement que vous et moi nous ne sommes pas fâchés de prendre un peu de répit, et de nous soustraire pour quelques instants aux fâcheux ennuis de notre métier. Mais quand je suis arrivé, vous étiez en train de raconter à ces dames quelque chose qu'elles paraissaient écouter avec beaucoup d'attention ; veuillez, je vous en prie, continuer ; ou, si ma présence devait interrompre votre récit, je m'empresserais de me retirer.

— Gardez-vous-en bien, cher maître, reprit vivement le docteur ; car précisément dans ce qui me reste à dire vous jouez un rôle, et je ne serai pas fâché d'invoquer votre témoignage.

— En ce cas, je reste avec le plus grand plaisir. Voyons, de quoi s'agit-il ?

— Vous avez connu M. le comte de la Terrade ?

— Vous le savez bien, puisque c'est vous qui me l'avez adressé pour l'aider de mes conseils dans la liquidation de la succession de son beau-père.

— Très-bien ; alors vous êtes au courant de l'histoire de cette famille, et il n'est pas nécessaire que je recommence pour vous le récit que je viens de faire à ces dames.

— C'est donc l'histoire de la famille de la Terrade que vous leur racontiez ? Mais je ne vois pas trop comment cette histoire peut les intéresser.

— Ah ! voilà !... Eh bien ! votre étonnement cessera quand vous saurez que Mlle votre fille,

que Mme votre épouse et la plupart de ces dames
viennent de se trouver en rapport avec Mlle Clémence de la Terrade, la fille de ce pauvre comte
de la Terrade que vos conseils n'ont pu sauver
de la ruine. » Alors il lui raconta en peu de mots
ce qui venait de se passer, puis il continua son
récit en ces termes.

CHAPITRE V

Suite du récit du docteur.

« Je vous ai dit que la naissance de sa petite-fille et les exhortations de son gendre avaient engagé le baron de Beauvais à reprendre la direction de ses affaires. Malheureusement on ne retrouva plus en lui ce zèle, cette aptitude, cette intelligente activité qui le distinguaient autrefois. Les débordements scandaleux de son fils vinrent ajouter à ses chagrins, et bientôt sa fille, son gendre et ses amis s'aperçurent que sa santé était considérablement altérée. Il tomba peu à peu dans une sombre mélancolie, et enfin il perdit complétement la raison. Il fallut le mettre dans une maison de santé tenue par un de nos meilleurs aliénistes; mais la science était impuis-

sante à le guérir, et au bout de six mois de traite-
ment il succomba.

« Autant son gendre et sa fille furent affligés de
cette mort, autant son fils s'y montra insensible.
Bien plus, on eût dit qu'il attendait cet événement
avec impatience. A peine informé que son père
avait rendu le dernier soupir, il s'empressa d'ac-
courir au château, accompagné d'hommes d'affaires et d'usuriers à qui il avait escompté depuis
longtemps la plus grande partie de sa part dans la
succession paternelle. Il provoqua la liquidation de
cette succession, et en même temps celle de la société qui avait existé entre son père et son beau-
frère. Cette opération fut longue, pénible, embarrassée. A chaque instant surgissaient de nouvelles
questions, de nouvelles complications qui formaient un imbroglio inextricable.

« Si M. de la Terrade n'était pas très-fort pour
diriger une entreprise industrielle et commer-
ciale, il était encore moins au courant des détours
et des surprises de la chicane. Aussi on se ferait
difficilement une idée des ennuis et des contrariétés de toute nature qu'il éprouvait. Bientôt un
sujet de chagrin plus sérieux vint s'ajouter à ces
contrariétés : sa femme, languissante déjà depuis

la mort de son père, tomba sérieusement malade.
Il résolut alors de l'amener à Paris, et de la confier à mes soins, en même temps qu'il consulte-
rait pour ses affaires un homme de loi intègre et
instruit. Comme il ne connaissait aucun jurisconsulte, il me pria de lui en indiquer un qui
remplît ces deux conditions. C'est alors que je le
conduisis moi-même chez M° Brizieux, à qui je le
recommandai chaleureusement.

« Mme de la Terrade était beaucoup plus malade
que son mari ne le pensait. Comme il arrive trop
souvent en pareil cas, il était trop tard, lorsqu'elle
me fut présentée, pour pouvoir employer des
moyens curatifs efficaces. Les organes essentiels
de la vie étaient attaqués; et une fièvre typhoïde
qui survint acheva de m'ôter toute espérance. Un
mois à peine après son arrivée à Paris, elle avait
cessé de vivre.

« Cet événement acheva d'accabler le comte
de la Terrade. Il ne tenait plus à la vie que pour
son enfant, dont la gentillesse et les grâces an-
nonçaient la jeune personne distinguée que vous
avez pu remarquer aujourd'hui. Mais, si, d'un
côté, la vue de cette enfant était pour lui une
source de consolation, d'un autre, elle lui causait

une amère douleur, en lui rappelant qu'au lieu de la brillante fortune qu'il avait rêvée pour elle, il était menacé de ne lui laisser que la misère; car les efforts de M. Brizieux, ainsi qu'il peut vous le dire lui-même, étaient impuissants à rétablir ses affaires.

— Cela n'est que trop vrai, appuya le jurisconsulte; et, ce qu'il y a de plus malheureux, c'est que si j'avais été chargé à temps de la conduite de cette affaire, j'aurais épargné à M. de la Terrade bien des fautes qu'il a commises; je lui aurais fait éviter bien des piéges où la mauvaise foi de ses adversaires et son inexpérience l'ont fait tomber, et il est certain que j'aurais pu le tirer du mauvais pas où il était engagé sans trop de sacrifices et sans faire à sa fortune des brèches trop considérables; mais nous autres hommes de loi, nous ressemblons sous un certain rapport à MM. les médecins (pardon, mon cher docteur, de la comparaison) : quand on attend pour venir vous consulter pour un malade que le mal ait fait des progrès irréparables, toute votre science est impuissante à arrêter ces progrès; tout au plus peut-elle employer quelques palliatifs propres à retarder la catastrophe, non à

la conjurer : c'est ce qui vous est arrivé, cher
docteur, pour la maladie de Mme de la Terrade;
et c'est ce qui m'est arrivé à moi pour les affaires
de son mari. Lorsqu'il vint me consulter, il avait
déjà mal à propos donné des signatures et pris
des engagements imprudents, contre lesquels il
était impossible de revenir. Du reste, si dans les
diverses négociations qu'il a traitées avec trop de
facilité, il a manqué parfois de prudence et même
de perspicacité, il a toujours fait preuve d'une
bonne foi sincère et d'une délicatesse portée jusqu'au scrupule. A l'occasion de je ne sais plus
quelle opération importante, un de ces tripoteurs
d'affaires comme on en rencontre tant à Paris,
lui avait proposé un moyen infaillible de retirer
intactes de la liquidation et la dot de sa femme
et sa propre mise de fonds, c'est-à-dire son petit
domaine patrimonial de la Brie, sans parler de
bénéfices considérables qui lui seraient garantis
et qui lui auraient assuré une fortune suffisante
pour vivre, sinon dans l'opulence, du moins dans
une aisance presque somptueuse; mais pour cela
il eût fallu employer un procédé peu délicat, qui
eût flétri la mémoire de son beau-père. Une pareille proposition révolta M. de la Terrade, et il

faillit maltraiter le malencontreux donneur d'avis.
En me racontant ce fait, il était animé d'une vio-
lente indignation, et il me disait avec la naïveté
d'un honnête homme, peu au courant de la triste
moralité de certaines gens qui se qualifient
d'hommes d'affaires : « Est-il possible qu'il existe
des hommes, dont la profession suppose l'amour
de l'équité et la connaissance des lois, qui soient
capables de conseiller des actions aussi déloyales !
Pour moi, je n'entends combattre mes adversaires
qu'à armes courtoises, et si je succombe dans la
lutte, au moins je pourrai dire comme François Ier :
« Tout est perdu, fors l'honneur. »

— Oui, oui, s'écria le docteur avec une sorte
d'enthousiasme, voilà bien le noble comte de la
Terrade, tel que je l'ai toujours connu, la franchise, la loyauté, l'honneur chevaleresque per-
sonnifié! Ce sont ces qualités qui m'avaient surtout attaché à lui, et qui me rendaient si fier de
son amitié.

— Ce sont aussi ces qualités, reprit le jurisconsulte, qui m'ont fait prendre ses intérêts avec
toute la bonne volonté et tout le zèle dont je suis
capable. Je n'y ai épargné ni soins ni peines, et
enfin, après des difficultés inouïes, je suis par-

venu à terminer ces affaires si embrouillées par
une transaction honorable qui ne lui laissait, il
est vrai, qu'un débris, ou plutôt qu'un lambeau
de la fortune sur laquelle il pouvait autrefois jus-
tement compter, mais qui du moins conservait
sans tache le nom de son beau-père et le sien.
J'étais contrarié et presque honteux de n'avoir
pu obtenir qu'un résultat aussi insignifiant; lui,
au contraire, paraissait enchanté, et m'adressait
les remercîments les plus chaleureux, comme si
je lui avais fait gagner des millions.

— Et ces remercîments étaient sincères, je puis
vous l'affirmer; car il parlait de vous avec la plus
grande considération, et souvent il m'a manifesté
à moi-même sa reconnaissance pour l'avoir mis
en rapport avec vous.

— C'était un de ces hommes de la vieille roche,
comme on n'en rencontre plus guère à présent,
et dont le type tend à disparaître de jour en jour.
Je l'ai perdu de vue depuis l'époque où j'ai ter-
miné la triste liquidation de sa société avec son
beau-père; mais vous, docteur, vous êtes toujours
resté en relation avec lui. Dites-nous donc, comment a-t-il fait pour vivre avec les quelques milliers de francs qui lui sont restés pour capital?

M. de la Terrade avait été tellement éprouvé
déjà par les vicissitudes de la fortune, qu'il ne
fut pas aussi sensible à ce nouveau coup qu'on
aurait pu le supposer. L'avenir seul de sa fille le
préoccupait. Maintenant qu'il ne pouvait plus
songer à lui laisser une fortune ni à lui procurer
un brillant établissement, toute son ambition se
bornait à lui donner une bonne et solide éducation. Il résolut de consacrer à cet usage le faible
capital qui lui était resté de la dot de sa femme
et de son propre patrimoine, modeste capital dont
le montant ne dépassait pas la somme de huit
mille francs. En conséquence, il plaça cette somme
dans une de nos meilleures maisons de banque,
avec l'intention de ne toucher ni au principal ni
aux intérêts qu'au fur et à mesure que cela serait
nécessaire pour payer les dépenses qu'entraîne-
raient la pension et l'entretien de sa fille dans
une bonne institution de demoiselles. Or il ne
songeait pas à la mettre en pension avant l'âge
de huit ans, et comme elle n'en avait que six,
ce seraient deux ans d'intérêts accumulés. Mais,
en attendant, il fallait pourvoir aux dépenses du
ménage, réduites, il est vrai, à leur plus simple
expression, grâce à l'ordre, au zèle et à l'économie

d'une excellente femme attachée depuis longtemps
à son service et à celui de sa famille.

— Pardon de vous interrompre, monsieur le
docteur, dit Mme Brizieux : cette femme dont vous
parlez ne serait-elle pas cette bonne Marianne qui
accompagnait Mlle Clémence, et qui m'a vivement
intéressée par la tendresse maternelle et respectueuse qu'elle porte à sa jeune maîtresse?

— C'est elle-même, Madame; tout à l'heure je
vous en parlerai plus amplement, car une telle
femme mérite une mention à part; mais auparavant revenons au comte de la Terrade, qui
cherchait les moyens de gagner sa vie par son
travail... Oui, le riche seigneur d'autrefois, l'ancien colonel de la garde royale, le gendre du
baron de Beauvais, qui menait dans son château
de la Brie une existence princière, en était réduit
à demander au travail son pain de chaque jour.
Du reste, ce n'était pas cette pensée qui l'affli-
geait ou qui l'humiliait : il savait que la loi du
travail est imposée à l'homme dans toutes les
conditions de la vie, et au temps de sa plus grande
prospérité il n'était jamais resté oisif. Pour lui,
la difficulté était de trouver une occupation ou un
emploi salarié quelconque, qui lui donnât de quoi

vivre modestement, et qui fût en rapport avec
ses connaissances et sa capacité. Il ne fallait pas
songer aux administrations publiques, toutes sont
encombrées; d'ailleurs on n'y reçoit que des
jeunes gens, et qui commencent par faire un
surnumérariat. Il chercha, ou plutôt nous cher-
châmes longtemps; car je n'ai pas besoin de vous
dire que je m'étais associé à ses investigations,
sans pouvoir rien trouver. Enfin, un matin, je le
vis entrer tout rayonnant dans mon cabinet, et
me répétant le fameux *Eurêka* d'Archimède : *J'ai
trouvé!* « Voyons, m'écriai-je, de quoi s'agit-il? »

« Alors il me raconta qu'en lisant le matin les
Petites Affiches, comme il le faisait tous les jours,
pour y découvrir un emploi à sa convenance, il
était tombé sur l'annonce de l'ouverture prochaine
du chemin de fer de..., et de la convocation de
l'assemblée générale des actionnaires, fixée au 15
du mois courant, huit jours avant l'ouverture.
En jetant machinalement un coup d'œil sur la
liste des directeurs et administrateurs de cette
grande entreprise, il avait vu figurer en première
ligne le nom du duc de N..., qu'il avait beaucoup
connu autrefois à la cour de Charles X. Il s'était
empressé d'aller le trouver, et de lui demander sa

protection pour lui faire obtenir un emploi quelconque dans l'administration dont il était un des
chefs les plus influents. Le duc l'avait parfaitement accueilli; seulement, lui avait-il dit, il
venait un peu tard, les meilleurs emplois étaient
déjà donnés; toutefois, il s'occuperait de lui acti-
vement, et il espérait pouvoir le caser dans peu
de temps. Il lui avait ensuite demandé s'il avait
des actions dans leur société; sur sa réponse néga-
tive, il avait ajouté : Tant pis, il faudrait tâcher
de vous en procurer quelques-unes; une dizaine
au moins : je pourrais alors vous garantir un succès plus prompt, et votre nomination à un emploi beaucoup plus important et plus lucratif que
celui que je puis vous procurer en dehors de cette
condition. M. de la Terrade, par l'effet d'un
amour-propre facile à concevoir, n'osa pas faire
connaître au duc l'état de gêne où il se trouvait.
Il répondit que, ses fonds étant placés, il lui serait
peut-être difficile de les retirer immédiatement
pour se procurer des actions, mais qu'il ne pensait
pas que cette circonstance dût être un obstacle
à l'obtention de sa demande, d'autant plus que
son ambition était loin d'être exagérée, et qu'il
se contenterait de l'emploi le plus modeste. Le

duc lui avait de nouveau promis, en le quittant,
de s'occuper sérieusement de lui, et l'avait engagé
à le venir voir souvent.

« C'est au sortir de cette entrevue que le comte
était venu me trouver. J'étais loin de partager
son enthousiasme au sujet du duc de N...; depuis
longtemps je connaissais ce personnage, beau par-
leur, grand donneur d'eau bénite de cour, mais
au fond égoïste et incapable de rendre un service
avec désintéressement et par dévouement. Le pauvre comte n'en fit que trop tôt l'épreuve. Lorsqu'il
revit le duc, au bout d'une semaine, la première
question que celui-ci lui adressa fut s'il s'était
procuré des actions. « Pas encore, reprit M. de la
Terrade; mais il n'est pas nécessaire d'être actionnaire pour occuper un emploi quelconque dans les
bureaux; je m'en contenterai en attendant mieux;
car j'aurais toujours le pied à l'étrier. — Vous n'y
pensez pas, mon cher. Je ne pourrais vous faire
avoir qu'une place de petit commis, d'expédition-
naire, aux appointements de douze à quinze cents
francs; et il n'est pas convenable, je dirai même
qu'il serait presque indécent, qu'un comte de la
Terrade, un ancien colonel de cavalerie de la
garde, exerçât dans nos bureaux des fonctions

aussi minimes, réservées à des jeunes gens de dix-huit à vingt ans, et qui sortent de quelque étude de notaire ou d'avoué, ou même de quelque cabinet de gens d'affaires d'un ordre inférieur. La moindre place que je désire vous procurer serait celle de chef d'une gare importante, ou d'inspecteur ; mais, encore une fois, tâchez de devenir actionnaire, c'est la condition *sine qua non.* »

« M. de la Terrade aurait bien pu remplir cette condition ; car les actions de ce chemin de fer n'étaient que de 500 fr., et dix ne lui auraient coûté que 5,000 fr., somme qu'il pouvait facilement retirer de chez le banquier où il avait placé ses fonds ; mais, d'un côté, il avait donné à cet argent une destination spéciale, et il lui répugnait de la changer ; de l'autre côté, les chemins de fer étaient loin d'avoir acquis alors l'importance qu'ils ont eue depuis. Quelques lignes, telles que celles de Rouen par les plateaux, ou de Versailles (rive gauche, avant la fusion), avaient été désastreuses pour les actionnaires. Celle dans laquelle il désirait entrer aurait-elle du succès ? On le croyait ; mais il n'y avait pas de certitude. Il me consulta à ce sujet, et j'avoue que je fus fort embarrassé de lui donner un conseil. Enfin une dernière visite qu'il fit au duc de N... le décida. Dès le lendemain, il retira 5,000 fr. de chez son banquier, acheta dix actions du chemin de fer de..., et, muni de ses titres, il courut chez le duc de N... « Ah! très-bien! parfait! s'écria le grand seigneur en lui serrant la main; maintenant, enfin, vous voilà des nôtres. Je vais vous donner un mot pour le secrétaire général, à qui vous remettrez votre demande; le reste ira comme sur des roulettes. »

« M. de la Terrade, enchanté, courut chez le secrétaire général, et lui déposa sa demande, munie de l'apostille du duc de N... « Bien, dit gravement le secrétaire en prenant le papier, sur lequel il inscrivit un numéro d'ordre; votre demande est désormais classée. »

« — Ma demande est classée, me dit-il joyeusement lorsque je le rencontrai le lendemain, et maintenant j'attends ma nomination d'un jour à l'autre. »

« Je ne partageais pas son espoir; mais je me serais bien gardé de détruire son illusion.

« Cependant les jours, les semaines, les mois se passèrent, et sa nomination n'arrivait pas.

A chaque visite qu'il faisait au duc, celui-ci lui répondait qu'il fallait prendre patience, que son tour arriverait; qu'un grand nombre avaient été inscrits avant lui, et que le conseil d'administration ne pouvait faire de passe-droit. Un jour il alla trouver le secrétaire général, et lui demanda comment il se faisait que sa demande, qu'il avait *classée* depuis si longtemps, restait encore sans réponse. « Cela n'est pas étonnant, Monsieur, lui répondit cet employé avec une gravité toute magistrale, votre demande a été classée parmi les solliciteurs possédant seulement dix actions; si elle eût été classée parmi ceux qui en possèdent quinze, vingt, trente, ou un plus grand nombre, elle eût été appointée plus tôt, en raison du plus ou moins d'actions que vous auriez possédées.

« — D'après cela, Monsieur, demanda le comte, combien y a-t-il de demandes qui doivent passer avant la mienne?

« — Je ne peux le dire au juste : cent et quelques, je crois; mais ce nombre peut encore augmenter s'il se présente des solliciteurs ayant plus d'actions que vous; car alors ils seront classés avant vous. »

« Cette fois le pauvre comte revint désespéré.

Il était furieux contre le duc, et voulait aller lui
faire une scène. J'eus toutes les peines du monde
à le calmer. Enfin j'y parvins en lui annonçant
que je lui avais découvert un petit emploi, qu'il
pourrait occuper quand il le désirerait, et dont
je ne lui avais pas parlé plus tôt, attendant le
résultat de sa demande pour le chemin de fer.
C'était une place de commis dans une compagnie
d'assurances contre l'incendie et d'assurances
sur la vie. Voici comment j'avais fait cette découverte. J'avais au nombre de mes clients un des
directeurs de cette compagnie, l'une des plus
anciennes et des plus considérables qui aient été
fondées en France; un jour que je lui avais fait
une visite pour une indisposition assez légère,
il me demanda si, parmi mes nombreuses connaissances, je ne pourrais pas lui trouver un homme
d'un âge mûr, intelligent, probe, pour un emploi
de confiance qu'il avait l'intention de créer, afin
de contrôler certaines parties du service de son
administration dans lesquelles se glissaient des
abus qu'il tenait à faire cesser. Je lui parlai de
M. de la Terrade; il se montra on ne peut mieux
disposé à l'accepter, et me dit qu'il ne cherche-
rait personne jusqu'à ce que je lui eusse fait sa-

voir s'il pouvait compter, oui ou non, sur mon
protégé.

« Après la déconvenue qu'il avait éprouvée au
chemin de fer, M. de la Terrade fut enchanté
de l'offre que je lui faisais. Je le présentai immédiatement au directeur de la compagnie d'assurances, et dès le lendemain il entra en fonctions.

« L'emploi qui lui était confié n'était pas sans
quelque difficulté pratique ; mais comme c'était
un homme consciencieux, intelligent et labo-
rieux, il se mit promptement au courant de sa
besogne. Le directeur fut si content de son travail, qu'il le chargea de parcourir un certain
nombre de départements afin de vérifier la situation des divers agents de la compagnie établis
dans les principales villes. Au retour, il devait
avoir le titre de *vérificateur*, et ses appointements devaient être doublés; jusque-là, ils n'é-
taient que de dix-huit cents francs, non compris
ses frais de voyage.

« Il y a de très-honnêtes gens qui semblent
voués au malheur, et que la mauvaise chance
poursuit avec un acharnement incroyable, tandis
que des fripons, des hommes tarés réussissent

dans toutes leurs entreprises, et éblouissent le vulgaire de leur scandaleuse prospérité. Ces faits qui se répètent journellement, et qui font douter aux impies de la justice de la Providence, sont pour moi une des preuves les plus évidentes de l'immortalité de l'âme et de l'existence d'une autre vie, où la justice divine nous récompensera ou nous punira selon nos mérites pendant le temps que nous aurons passé sur la terre. M. le comte de la Terrade, l'homme le plus vertueux que j'aie connu, offre un exemple frappant de cette continuité de calamités qui assaillent sans relâche un homme de bien comme pour mettre à l'épreuve son courage et sa résignation.

« Son voyage d'inspection et de vérification dura beaucoup plus de temps qu'on ne l'avait pensé. Après ses premières opérations, le directeur fut si content de sa manière d'agir et de ses résultats, qu'il le chargea de continuer le même travail dans le midi de la France. Enfin, après six mois d'absence, M. de la Terrade tomba malade des suites de la fatigue causée par l'excès du travail, et par des voyages continuels pendant la saison la plus rigoureuse de l'année. Il demanda et obtint facilement son rappel à Paris, pour se re-

poser un peu et donner des soins à sa santé gravement altérée. Plusieurs fois son directeur m'avait
remercié de lui avoir procuré cet employé modèle ;
et il se proposait, à son retour, de lui donner un
avancement considérable ; mais par une attention
délicate, il ne l'avait pas prévenu de cette bonne
nouvelle, voulant me réserver le plaisir de la lui
annoncer le premier.

« J'attendais donc son retour avec impatience,
et je commençais à être inquiet de ce retard, lorsqu'un matin Marianne, la figure toute boulever-
sée, vint m'annoncer que son maître était arrivé
pendant la nuit, et qu'il désirait me parler le plus
tôt possible.

« — Eh ! mon Dieu, m'écriai-je, vous m'an-
noncez cela d'un air consterné, comme si quelque
grand malheur était arrivé à votre maître...

« — Ah ! Monsieur, s'écria-t-elle en sanglotant,
je crains bien que nous n'ayons trop sujet de nous
affliger. Le pauvre cher homme est arrivé dans un
état déplorable ; il a la fièvre ; il tousse à se déchi-
rer la poitrine, et ça retentit comme si ça sortait
du creux d'un tonneau ; et sa figure, oh ! sa figure,
c'est tout le portrait de feu son père quand il était
à l'agonie, et que mon mari et moi nous lui avons

fermé les yeux, à ce brave et digne seigneur. Mon Dieu! mon Dieu! m'avez-vous donc condamnée à voir mourir l'un après l'autre tous les membres de cette famille, son père, sa mère, sa première femme, son fils aîné, son fils cadet, son beau-père, sa seconde femme, et lui-même! Oh! mon Dieu! ayez pitié de moi. » Et la pauvre femme sanglotait en prononçant ces paroles.

« — Calmez-vous, lui dis-je, ma bonne Marianne; retournez sur-le-champ auprès de votre maître et dites-lui que j'arriverai quelques minutes après vous. »

« C'est ici qu'il est à propos, avant de continuer mon récit, de vous parler de cette femme, qui y jouera un rôle important. »

Après une pause de quelques instants, le docteur continua dans les termes suivants.

CHAPITRE VI

Suite du récit du docteur.

« Dans les anciennes et nobles familles d'autrefois, il n'était pas rare de rencontrer des domestiques des deux sexes attachés de génération en génération au service de ces familles, dont ils faisaient en quelque sorte partie. Telle était Marianne Lepic, dont les parents avaient été de temps immémorial attachés à la famille de la Terrade. Son père, André Lepic, était valet de chambre du vieux comte, l'avait suivi pendant l'émigration, était revenu avec lui en 1814, et l'avait de nouveau accompagné dans l'exil en 1830 ; sa mère était femme de chambre de la comtesse ; elle-même n'avait que quatorze ans lorsqu'elle était entrée au service de la vicomtesse, en qualité de seconde femme de chambre. Plus tard, elle était devenue femme de chambre en titre, et avait épousé Joseph Gaudet, le valet de chambre du vicomte, qui, lui aussi, était un ancien serviteur de la maison.

« Marianne avait résumé en quelques mots, dans les exclamations que j'ai rapportées tout à l'heure, l'histoire de ses rapports avec la famille de la Terrade. Elle avait vu successivement s'é- teindre tous les membres de cette noble race; elle avait assisté à toutes les vicissitudes que la fortune leur avait fait éprouver depuis plus de soixante ans. Son père à elle, sa mère et son mari étaient morts au service des la Terrade, et elle restait la dernière de sa famille avec le dernier rejeton de ses maîtres. Dans les moments de prospérité, elle faisait modestement son service, sans empresse- ment outré, sans zèle exagéré. Elle s'effaçait pour laisser passer ceux qui cherchaient à se faire valoir par des complaisances serviles ou par de basses flatteries. Mais quand venait à souffler le vent de l'adversité, quand les complaisants et les flatteurs avaient disparu, alors on la retrouvait toujours courageuse, active, infatigable, s'oubliant elle- même pour secourir ses maîtres, pour les nourrir

au besoin de ses propres ressources, du fruit de
son travail et de ses économies. Et, dans ces circonstances, elle conservait avec une convenance parfaite la distance qui la séparait de ses maîtres;
elle se montrait toujours respectueuse sans affec-
tation et sans bassesse. Quand il s'agissait de leur
rendre certains services qui eussent pu froisser
la délicatesse de leur amour-propre, elle savait
s'y prendre avec un tact tel, qu'ils ne pouvaient
s'en trouver blessés, et qu'elle paraissait elle-
même leur obligée, comme si elle eût reçu d'eux
une faveur précieuse. Voici quelques traits parti-
culiers qui vous la feront mieux connaître.

« Lorsque le vieux comte de la Terrade, qui
s'était, comme je l'ai dit, volontairement exilé de
France après 1830, habitait je ne sais plus quelle
ville d'Allemagne, il perdit, par suite d'une longue maladie, son vieux valet de chambre André
Lepic, le père de Marianne. En apprenant cette
nouvelle, le vicomte, son fils, résolut d'envoyer
à son père son propre valet de chambre, Joseph,
pour remplacer le fidèle André. Marianne demanda et obtint d'autant plus facilement la permission d'accompagner son mari, que le vicomte
savait son père toujours souffrant, et personne

5*

mieux qu'elle n'était capable de lui donner les
soins qu'exigeait son état.

« En arrivant en Allemagne, Joseph Gaudet et
sa femme trouvèrent le vieux gentilhomme dans
un état déplorable, moins par l'effet de la maladie
que par suite des privations qu'il avait éprou-
vées; car ce vieillard plein de fierté n'avait pas
voulu faire connaître à son fils sa véritable situation.

« Il fit un accueil bienveillant et gracieux à ces
deux anciens serviteurs de sa maison; mais leur
présence, en lui rappelant des temps plus pros-
pères, ne faisait que mieux ressortir l'état de dé-
nûment où il était tombé. Quelle idée, pensait-il,
mon fils a-t-il eue de m'envoyer deux domestiques
qu'il faudra nourrir et payer, quand je puis à
peine me procurer le nécessaire? Il est vrai qu'il
ne se doute guère de la gêne pénible que j'é-
prouve.

« Non, certainement, son fils ne s'en doutait
pas; mais une autre personne l'avait deviné ;
c'était Marianne.

« Dans les grandes maisons, les domestiques ne
sont pas généralement les derniers à s'apercevoir
de la diminution de la fortune de leurs maîtres.

Alors les uns se hâtent de chercher à se placer ailleurs, avant qu'on soit obligé de les renvoyer; d'autres restent, mais en prenant toutes les garanties nécessaires pour la sûreté de leurs gages; je parle là, bien entendu, de la classe des domestiques honnêtes, et non pas de la classe trop nombreuse de ceux qui dans ces circonstances deviennent insolents, exigeants, fripons même, et hâtent souvent la ruine de leurs maîtres en ayant soin, comme ils disent, de se payer par leurs mains, c'est-à-dire en les volant le plus qu'ils peuvent.

« Je n'ai pas besoin de vous dire, Mesdames, que Marianne n'appartenait à aucune de ces catégories, quoiqu'elle eût mieux que personne suivi avec anxiété les diverses phases de la fortune des la Terrade. Elle savait mieux que le vicomte, soit par les lettres confidentielles qu'elle recevait de son père, soit par toute autre voie, l'état de détresse où était réduit le vieux chef de la famille. Elle savait aussi que son fils, quand même il eût été instruit de sa situation, était dans l'impossibilité de lui venir en aide. Alors elle prit une résolution qui vous donnera une idée du caractère et du cœur de cette femme : ce fut d'aller elle-même au secours de son vieux maître. Son mari, à qui elle communiqua son projet, après quelques légères objections l'approuva complétement, et ils ne songèrent plus qu'au moyen de le mettre à exécution. Voici en quoi consistait ce moyen.

« La comtesse de la Terrade, l'épouse du vieux comte, était morte vingt ans auparavant, à l'époque où leur maison avait repris, sous la restauration, tout l'éclat et toute la prospérité que lui avait fait perdre la première révolution. Par son testament elle avait laissé à tous ses domestiques des legs plus ou moins considérables, selon l'ancienneté de leurs services. Joseph Lepic, le père de Marianne, avait été porté sur ce testament pour une pension viagère de six cents francs, qu'il avait touchée, ou plutôt qu'il avait fait toucher régulièrement par son notaire à Paris, en le chargeant de placer ses fonds à intérêt. Les arrérages de cette rente s'étaient donc accumulés pendant une vingtaine d'années, et formaient avec les intérêts, auxquels Joseph n'avait pas touché, un petit capital de près de quinze mille francs. Marianne était l'unique héritière de son père, et avait donc la libre disposition de ces fonds. Elle résolut d'en employer une partie, et même la totalité, s'il était

nécessaire, à secourir le comte de la Terrade. Ce
fut pour ce motif qu'elle sollicita la permission
d'accompagner son mari. Dès qu'elle l'eut obte-
nue, elle alla retirer cinq mille francs de chez
son notaire, en convenant avec lui des moyens
de lui faire parvenir le surplus de ses fonds si elle
en avait besoin plus tard.

« En arrivant auprès du vieux comte, Marianne
devina facilement l'embarras que leur présence
lui causait; elle s'empressa de lui donner à entendre que son fils avait pourvu largement aux
frais de leur voyage et de leur séjour auprès de
lui, et que, de plus, il les avait chargés de mettre
à sa disposition une somme de trois mille francs,
si par hasard il en avait besoin; et en même
temps elle lui comptait cette somme.

« — Ma foi, dit le vieillard en souriant à la vue
de cet or, je t'avouerai que mon fils a eu là une
excellente idée, et que cet argent arrive fort à
propos; seulement je crains qu'il ne se soit gêné
pour me l'envoyer; il ne doit pas être fort à
son aise maintenant. Dites-moi franchement ce
qui en est; car nous te regardons tous comme
de la famille, et nous n'avons rien de caché pour
toi.

« — Merci, monsieur le comte, c'est trop
d'honneur que vous faites à votre humble servante; mais pour répondre à votre question, je
vous dirai que M. le vicomte a réformé son train
de maison, a supprimé ses grands équipages, pour
ne garder qu'une voiture à un cheval, ce qui lui
permet de vivre encore fort honorablement.

« — Oui, oui, je sais, avec les revenus de la
dot de sa femme...; mais tout cela est bien
maigre...., il faut qu'il fasse de grandes économies pour joindre les deux bouts ; et là-dessus il
m'envoie encore trois mille francs : c'est beaucoup, c'est trop même dans sa position. Écoute,
Marianne, ces trois mille francs il faudra bien
les ménager; c'est toi que je charge de la dépense; tu es rangée, économe, et j'espère que je
n'aurai pas besoin de recourir de sitôt à la bourse
de mon fils. »

« Marianne accepta avec joie, je dirai même
avec reconnaissance, les fonctions que son maître
lui confiait, et elle s'en acquitta avec un zèle
admirable. Les soins que les deux époux prodi-
guèrent au vieillard semblèrent un instant le ramener à la santé. Mais la vie était presque éteinte
dans ce corps affaibli par des secousses succes-

sives ; son âme , abreuvée par tant de chagrins et de déceptions sur la terre, n'avait plus d'aspiration que pour le repos dans un monde meilleur. Il vécut encore près d'un an, soutenu en quelque sorte par les efforts de Marianne et de son mari. Il s'éteignit peu à peu, et rendit le dernier soupir après avoir reçu les consolations de la religion, et donné sa bénédiction à sa famille dans la personne de ces deux fidèles serviteurs, qui en étaient les dignes représentants.

« Marianne fit faire des funérailles convenables au comte de la Terrade ; elle le fit inhumer à côté de son père, et éleva un modeste monument sur la tombe du vieux maître et du vieux serviteur. Puis elle revint en France avec son mari.

« La première somme qu'elle avait prise chez son notaire avait été épuisée au bout de quelques mois , tant pour payer les dépenses du comte que pour acquitter quelques dettes qu'il avait faites dans les derniers temps. Elle fit plusieurs appels de fonds chez son notaire; de sorte qu'à leur retour en France elle se trouva avoir dépensé à peu près huit à neuf mille francs.

« Le vicomte de la Terrade n'avait appris que par hasard cet acte de désintéressement de Ma-

rianne. Une lettre de son père, qu'il reçut quelque
temps après l'arrivée de Joseph et de sa femme
auprès de lui, et dans laquelle il le remerciait
chaleureusement de lui avoir envoyé ces excel-
lents serviteurs avec une somme d'argent qui lui
avait été fort utile, éveilla ses soupçons. Il alla
chez le notaire de Marianne, et là il apprit ce qui
s'était passé lors de son départ pour l'Allemagne.
Il vint aussitôt en rendre compte à sa femme,
afin de se consulter ensemble sur ce qu'il y avait
à faire. « Rien n'est plus simple, dit Mme de la
Terrade, il faut prendre cinq mille francs sur ma
dot et les remettre au notaire de Marianne, afin
de rétablir son compte dans le même état où il
était au moment de son départ de Paris. Vous pré-
viendrez en même temps ce notaire que si elle lui
fait de nouveaux appels de fonds, il devra vous en
avertir pour que vous les remplaciez immédiatement, comme vous aurez fait des premiers cinq
mille francs, en lui recommandant surtout de ne
pas dire un mot à Marianne de cet arrangement,
et de la laisser dans la conviction que ce sont bien
ses propres fonds qu'il lui envoie. Il faut laisser
à cette brave femme tout le mérite de sa bonne
œuvre. — Bien, Madame, répondit son mari,

vous ne faites qu'exprimer mes propres pensées ;
seulement, comme je ne voyais pas où prendre des
fonds ailleurs que sur votre dot, j'avais une certaine répugnance à vous le proposer, et je suis
bien aise que cette idée vous soit venue à vous-
même. Car, vous le savez, au moment des plus
grands embarras que nous avons éprouvés, jamais
je n'ai eu la pensée de toucher à votre dot, quoique vous me l'ayez offert généreusement plusieurs
fois ; j'ai toujours repoussé vos offres, et j'ai pré-
féré faire toutes sortes de sacrifices plutôt que celui-là. »

« Les deux époux, parfaitement d'accord, se
hâtèrent de réaliser leur projet, et chaque fois
dès lors que Marianne demandait de l'argent à
son notaire, celui-ci s'empressait de le lui envoyer, en même temps qu'il recevait une somme
égale versée par M. de la Terrade, au compte de
Marianne.

« Lorsque celle-ci revint à Paris avec son mari,
après la mort du vieux comte, elle alla, quelques
jours après son arrivée, visiter son notaire et lui
remettre quelques centaines de francs, qu'elle
avait su économiser sur le dernier envoi, afin de
rajouter cette petite somme à son compte, qui,

disait-elle, devait être furieusement écorné. »

« — Mais il ne l'est pas du tout, lui dit le notaire en souriant; il est, au contraire, au grand complet, et même augmenté des intérêts depuis un an, et il va l'être encore de la petite somme que vous me rapportez.

« — Comment donc que ça se fait, monsieur le notaire ? » s'écria Marianne étonnée.

« L'officier ministériel lui expliqua enfin la chose, en lui racontant ce qui s'était passé.

« — C'est-y grand Dieu possible, s'écria-t-elle, que vous ayez dit cela à Monsieur?

« — Et pourquoi ne l'aurais-je pas dit? vous ne m'aviez pas recommandé le secret; d'ailleurs une lettre de son père lui avait appris en partie la vérité; il était donc nécessaire de lui faire connaître le reste, sans quoi il aurait pu se livrer à toutes sortes de suppositions.

« — Mais vous n'auriez pas dû accepter son argent : cela a dû les gêner...

« — Vous n'avez pas, je pense, la prétention que votre maître reste votre débiteur malgré lui ; il l'était devenu par le fait de l'emploi que vous aviez fait de vos fonds pour les besoins de son père ; il s'est empressé de se libérer ; c'était son droit, et de plus c'était son devoir.

« — Ah ! mon Dieu, peut-être Monsieur et Madame vont-ils m'en vouloir...?

« — Vous en vouloir, ma bonne femme ? et pourquoi ? Je puis vous affirmer qu'ils ont admiré cet acte d'attachement et de dévouement que vous avez montré à leur famille ; ils vous en estiment et vous en aiment davantage, seulement ils auraient désiré que vous leur eussiez fait part de vos intentions...

« — Mais, Monsieur, interrompit Marianne, le pouvais-je sans leur faire connaître la triste situation où se trouvait M. le comte, et dont j'avais été instruite par une lettre de feu mon père? Alors mon maître et ma maîtresse auraient peut-être voulu partir eux-mêmes; c'eût été un bien triste spectacle que je voulais leur épargner; un pareil voyage leur aurait coûté les yeux de la tête, et je désirais leur épargner des dépenses inutiles, sauf à les appeler plus tard, si M. le comte le jugeait nécessaire; mais il ne l'a jamais voulu. Enfin j'ai été obligée de lui faire un mensonge à ce digne seigneur, en lui disant que c'était son fils qui lui envoyait cet argent ; sans quoi vous pensez bien

qu'il ne l'aurait pas accepté, et qu'il se serait laissé
mourir de faim plutôt que de recevoir un sou d'une
pauvre domestique.

« — Ce sont là les observations que je leur ai
faites, car je connaissais vos intentions, et, comme
je viens de vous le dire, elles vous ont valu un re-
doublement de confiance et d'affection de la part
de vos maîtres. »

« Après ces explications du notaire, Marianne
était rassurée, mais encore un peu soucieuse, lorsqu'elle rentra à la maison. M. de la Terrade, qui
avait été prévenu par le notaire de l'entretien qu'il
avait eu avec elle, lui dit simplement : « Je vous
remercie, ma chère Marianne, de ce que vous avez
fait pour mon père et pour moi : je ne l'oublierai
jamais.

« — Oh! Monsieur, vous êtes trop bon ! » s'écria
Marianne en versant des larmes d'attendrissement.

« — Seulement, ajouta-t-il avec bonté, une autre
fois ne touchez pas à vos fonds pour me rendre un
service sans mon consentement, vous me contra-
rieriez beaucoup ; mais je puis vous assurer, con-
tinua-t-il en souriant, que si jamais je me trouve
avoir besoin d'argent je m'adresserai à vous de
préférence.

« — Oh ! merci, Monsieur, merci ! à cette con-
dition-là je ferai ce que vous voudrez. J'espère
bien que le bon Dieu ne permettra pas que l'occasion dont vous parlez se présente ; mais si jamais
elle arrivait, je vous rappellerai votre promesse
d'aujourd'hui, et vous me feriez un grand chagrin
si vous ne la teniez pas. »

« A compter de cette époque, Marianne fut
traitée avec plus d'égards qu'autrefois ; elle devint en quelque sorte le *factotum* de la maison ;
elle fut chargée de la dépense courante du ménage, et elle jouissait de la confiance absolue de
ses maîtres.

« Cet état de choses dura jusqu'à la mort tra-
gique de Mme de la Terrade et de son fils. Je vous
ai parlé de la douleur profonde, accablante, que
cet événement causa à M. de la Terrade. Marianne
ne fut pas moins affligée que son maître : cependant elle essaya la première des moyens efficaces
de consolation, ou plutôt elle me les suggéra ; car
c'est elle qui me parla de l'abbé P***, et qui m'en-
gagea à l'aller trouver pour le prier de venir
apporter à son maître les seules consolations qui
pussent lui convenir dans son état.

« Lorsque M. de la Terrade avait dit à Ma-

rianne que si jamais il avait besoin d'argent il
s'adresserait à elle de préférence, il était per-
suadé que cette occasion ne se présenterait jamais. Elle se présenta pourtant bien plus tôt, et
d'une manière bien plus inattendue qu'il ne l'eût
jamais soupçonné.

« Je vous ai dit, Mesdames, qu'il était encore
dans l'accablement causé par la castastrophe qui
lui avait enlevé sa femme, lorsque la famille de
cette dernière lui réclama inopinément sa dot.
Quelques milliers de francs en avaient été dis-
traits, comme vous l'avez vu, pour rembourser
Marianne. Il n'hésita pas cette fois à s'adresser à
celle-ci, pour l'aider à satisfaire ses beaux-frères;
et je n'ai pas besoin de vous dire avec quel empressement elle mit à sa disposition tout l'argent
qu'elle avait chez le notaire. Le comte, toutefois,
n'accepta cette offre qu'en souscrivant au profit de
Marianne une obligation de la somme qu'elle lui
avançait, et hypothéquée sur son domaine de Brie.

« Lorsqu'il parla de se retirer dans ce domaine,
Marianne l'y encouragea de toutes ses forces. Son
mari, disait-elle, était meilleur laboureur que
valet de chambre; il s'entendait très-bien à la
culture, et elle-même saurait bien remplir les

fonctions de fermière. En effet, M. de la Terrade
n'eut qu'à se louer des époux Gaudet dans l'exercice de leurs nouvelles fonctions.

« Quand le comte de la Terrade épousa Mlle de
Beauvais, et que la fortune parut lui sourire de
nouveau, Marianne reprit ses fonctions de femme
de charge, ou plutôt de femme de confiance, dans
la nouvelle maison de son maître. Elle gagna
bientôt l'estime et l'affection de la nouvelle comtesse
de la Terrade, et elle fut remarquée du baron de
Beauvais lui-même, qui la citait souvent comme
modèle à ses propres domestiques.

« Au milieu de la plus grande prospérité de son
maître, lorsqu'elle remerciait Dieu de lui avoir
rendu une fortune plus considérable que celle
qu'il avait jadis, elle eut la douleur de perdre
son mari, emporté en quelques jours par une
fluxion de poitrine. Joseph Gaudet fut regretté
de tout le monde, de ses maîtres comme de ses
compagnons de service. C'était un très-bon
homme, d'un esprit un peu borné, sans prétention, mais doué de beaucoup de bon sens et d'un
excellent cœur. Il disait quelquefois : « Ma femme
a plus d'esprit dans son petit doigt que je n'en ai,
moi, de la tête aux pieds ; aussi je la laisse diriger

la barque, elle s'y entend mieux que moi. » On
peut dire, en effet, que Marianne était la tête qui
pensait, et Joseph le bras qui agissait ; de là une
union parfaite entre eux, et un accord qui ne se
démentit jamais.

« Marianne pleura longtemps la mort de son
mari ; elle était encore accablée sous le poids de
sa douleur, quand un déplorable événement vint
la raviver : je veux parler de la mort du fils issu
du second mariage de son maître. Elle aimait cet
enfant avec une tendresse toute maternelle, et il
ne serait peut-être pas téméraire de dire que sa
douleur égala celle de la mère elle-même.

« La naissance d'une fille, de notre Clémence,
vint rendre un peu de sérénité à ces cœurs affligés ;
mais en même temps de sombres nuages, présages
de la tempête, obscurcissaient l'horizon, et me-
naçaient de troubler la prospérité dont on jouissait au château de Beauvais. Bientôt la mort et la
ruine frappèrent à coups redoublés contre cette
malheureuse famille de la Terrade, et un jour le
comte, comme je vous l'ai raconté tout à l'heure,
se retrouva plus pauvre qu'il ne l'était après la
mort de sa première femme, et réduit pour vivre
à solliciter un emploi.

« Pendant qu'il passait son temps à ce triste métier de solliciteur, Marianne, restée seule du nombreux domestique qui remplissait naguère le château de Beauvais, soignait le petit logement que le comte avait loué dans le faubourg Poissonnière, préparait les repas, et donnait des soins maternels à la petite Clémence, qui grandissait et embellissait à vue d'œil. Elle la conduisit à l'école dans un externat du voisinage, où l'enfant apprit à lire, à écrire, un certain nombre de chapitres du catéchisme et les premières notions de grammaire française et de calcul.

« Lorsque M. de la Terrade fut nommé à cet emploi de vérificateur dans une compagnie d'assurances, qui l'obligeait à être absent de Paris pendant une partie de l'année, il se décida à mettre sa fille en pension, dans une très-bonne institution située à Passy. Outre la bonne éducation que l'on recevait dans cet établissement, les bonnes conditions d'hygiène dans lesquelles il se trouvait placé avaient puissamment contribué au choix qu'il en avait fait pour y mettre sa fille.

« Nous avons vu qu'il avait réservé, sur le peu qu'il avait sauvé du naufrage de sa fortune, un petit capital de huit mille francs, qu'il destinait

6

exclusivement aux frais de l'éducation de son enfant; sur cette somme cinq mille francs avaient été convertis en actions du chemin de fer dans lequel on lui avait promis un emploi. Ces actions étaient tombées à trois cents francs, ce qui eût été une perte de deux mille francs, s'il eût voulu les vendre, comme quelques personnes le lui conseillaient; cependant il se décida à les garder, dans l'espoir qu'elles reprendraient de la valeur. Pour subvenir aux premiers frais d'entrée de sa fille au pensionnat, il prit sur les trois mille francs qui restaient disponibles une somme de deux mille francs, avec laquelle il paya le premier semestre; qui était de quatre cents francs, et le trousseau, montant à six cents francs. Il espérait, maintenant qu'il avait un emploi, pouvoir chaque année, sur ses appointements, mettre de côté quelque chose qui l'aiderait à payer la pension de son enfant, et ménagerait d'autant son petit capital, pour qu'il pût suffire pendant tout le temps que durerait l'éducation de Clémence.

« On dirait qu'une sorte de fatalité poursuivait le comte de la Terrade, et que ses projets les mieux combinés ne pouvaient réussir. C'est en revenant de ce premier voyage qu'il rentra chez lui dange-

reusement malade, et que Marianne, toute cons-
ternée de l'état où elle voyait son maître, était
venue en toute hâte me chercher. »

CHAPITRE VII

Suite et fin du récit du docteur. — Conclusion.

« Ce n'était pas, malheureusement, une fausse alarme qu'avait eue la brave femme quand elle était venue m'appeler pour son maître. Je trouvai le comte de la Terrade dans un état extrêmement grave; cependant je ne perdais pas encore tout espoir. J'ordonnai plusieurs prescriptions urgentes dont j'attendais quelques bons effets. Le lendemain, lorsque j'y retournai, je reconnus, hélas! qu'un miracle seul pouvait le sauver. Il avait toute sa connaissance, et ne se faisait pas d'illusion sur son état. « Docteur, me dit-il, parlez-moi en ami, je vous prie; vous me connaissez assez pour savoir que je ne crains pas la mort; mais j'ai besoin de régler mes comptes avec le

Ciel et avec la terre, et je voudrais dans ce double but profiter des instants où Dieu me laisse toute ma liberté d'esprit et la plénitude de mes facultés. Demain il ne sera peut-être plus temps. Je sens que mes heures sont comptées : dites-moi franchement, mon ami, comme vous le pensez, combien ai-je encore de temps à vivre?

« — Dieu seul, répondis-je, qui est le maître de la vie et de la mort, pourrait satisfaire à une pareille question. Tout ce que je puis vous dire, avec toute la franchise que vous me connaissez, c'est que votre état est extrêmement grave, et que vous avez raison de mettre ordre à vos affaires le plus tôt possible.

« — C'est bien, me dit-il, je vais m'en occuper immédiatement. » Aussitôt il envoya Marianne chercher son notaire, et il me pria, puisque je retournais dans le faubourg Saint-Germain, de lui envoyer l'abbé P..., de Saint-Sulpice.

« Je ne vous fatiguerai pas du récit de sa maladie, qui se prolongea plus longtemps que je ne l'aurais pensé. Il conserva toute sa connaissance presque jusqu'au dernier moment, et il eut le temps de recevoir, dans d'excellentes dispositions, tous les sacrements de l'Église, ainsi que de

prendre toutes les dispositions qui, dans l'état de
sa fortune, pouvaient procurer à sa fille une bonne
éducation : c'était, me disait-il, le seul moyen
d'assurer son avenir.

« Ce fut souvent le sujet de nos entretiens.
« Je ne regrette la vie, me disait-il, qu'à cause de
mon enfant. Il m'eût été si doux de pouvoir la
diriger moi-même, de suivre ses progrès, de
jouir de ses succès; mais puisque Dieu ne m'a pas
accordé ce bonheur, que sa volonté s'accomplisse.
Je m'y soumets non-seulement avec résignation,
mais je lui rends encore de grandes actions de
grâces de ce que je laisse ma fille sous la garde
d'une personne dévouée, qui veille sur elle avec
toute la sollicitude de la mère la plus tendre. Vous
connaissez Marianne, ajouta-t-il; vous savez
quelles preuves de dévouement elle a données à
mon père, à moi, à toute ma famille : eh bien,
j'ai la conviction qu'elle reportera sur ma fille
toute l'affection qu'elle avait pour ses parents, et
cette conviction est pour moi une grande consolation au moment de mourir. »

« Une autre fois il me dit : « J'aurais à vous demander un service comme ami. — Parlez, répondis-je; vous savez que, s'il est en mon pouvoir, je

vous le rendrai avec plaisir. — Ce serait d'accepter la tutelle de ma fille, que j'ai intention de
vous confier par testament. — Je l'accepterai, si
tel est votre désir formel, seulement je vous ferai
observer que je m'entends fort peu en affaires;
que, d'un autre côté, mes occupations prennent
à peu près tout mon temps, que les intérêts de
votre enfant pourraient en souffrir, et qu'il serait
peut-être à propos de choisir quelqu'un plus capable que moi d'y veiller, et surtout qui ait plus
le temps de s'en occuper. — Nous avons bien pensé
à tout cela, reprit-il, et s'il s'agissait d'une tutelle
chargée des obligations qui incombent ordinaire-
ment à ces fonctions, je ne vous l'aurais pas pro-
posée; mais il s'agit simplement d'une formalité
qui ne vous donnera ni soins, ni charges, ni sou-
cis. La véritable tutelle, la tutelle de fait, sera
partagée entre Me Bordier, dont vous connaissez
la délicatesse et la probité, et Marianne, dont je
n'ai pas besoin de vous rappeler le dévouement.
L'un sera chargé des intérêts matériels de l'enfant, et de payer les frais de sa pension sur les
faibles valeurs qui composeront ma succession, et
qui sont déposées entre ses mains; l'autre sera
chargée de cette surveillance maternelle, de ces

soins affectueux qu'une femme seule et une femme dévouée peut remplir envers une jeune fille. Vous, mon ami, vous ne serez en quelque sorte qu'un tuteur honoraire, vous n'aurez à exercer qu'une espèce de contrôle moral et sans aucune responsabilité, résultant de la seule influence de votre nom et de votre caractère. Peut-être aurez-vous quelquefois à donner votre signature pour la validité de certains actes préparés par Mᵉ Bordier, et dont il vous expliquera l'objet; puis, quand votre temps vous le permettra, ou que vos occupations vous appelleront du côté de Passy, je vous prie de vouloir bien faire une visite à ma fille dans sa pension : vous vous informerez de sa santé et de sa conduite; vous vous assurerez de ses progrès, et vous lui donnerez quelques encouragements et quelques conseils, comme un père pourrait le faire. C'est surtout sous ce dernier rapport que je désire vous voir accepter le titre de son tuteur. Ce titre vous donnera sur elle une autorité salutaire, qui tempèrera ce que pourrait avoir de trop facile, de trop indulgent, celle qu'exercera de son côté sa bonne Marianne; en même temps ce titre produira un excellent effet aux yeux de ses maîtresses, en voyant que leur élève n'est pas une pauvre orpheline complétement abandonnée aux soins d'une ancienne domestique, mais qu'un homme honorable, et qui jouit dans le monde d'une certaine considération, est chargé de veiller sur elle. »

« Tout cela fut dit avec un calme et un sang-froid admirables, comme l'eût fait quelqu'un qui serait sur le point de faire un long voyage, et qui prendrait avant son départ toutes les dispositions qu'il juge nécessaires pour assurer la tranquillité des siens pendant son absence. Depuis bien des années que j'exerce ma profession, j'ai eu souvent occasion de voir des malades approcher de leurs derniers moments; mais je n'ai jamais rencontré autant de résignation, de sérénité et de présence d'esprit qu'en M. de la Terrade dans cette circonstance si terrible et si solennelle. Il était facile de voir que les consolations de la religion et la foi dans une autre vie soutenaient son âme contre la défaillance si ordinaire en pareil cas.

« J'acceptai la tutelle qu'il m'offrait. Il me remercia d'un seul mot, mais avec un regard expressif plus éloquent qu'un long discours.

« Il employa le reste de cette journée à s'entretenir avec son notaire, et à lui dicter son testament. Puis il fit ses adieux à sa fille, lui donna sa bénédiction, en lui répétant pour calmer sa douleur : « Ne pleure pas, mon enfant; j'espère que, par la miséricorde de Dieu, je rejoindrai ta mère au ciel, où tu viendras plus tard nous retrouver. »

« Il ne mourut que le lendemain, après une courte agonie.

« Il y a dix ans de cela; Clémence avait huit ans, et dès lors on pouvait prévoir, si son éducation était bien dirigée, qu'elle serait à dix-huit ans ce qu'elle est, en effet, aujourd'hui, une jeune personne accomplie. Je n'ai pas sans doute la présomption de prétendre que j'ai contribué pour beaucoup à cet heureux résultat; cependant je puis sans vanité affirmer que je n'y suis pas resté tout à fait étranger, en prenant plus au sérieux que ne me l'avait demandé son père et que je ne m'y étais engagé la tutelle honoraire qu'il m'avait confiée. D'un autre côté, je ne vous apprendrai rien de nouveau en vous disant que Mᵉ Bordier a fait son devoir de gardien des intérêts de la jeune pupille avec le zèle, l'intelligence et le désintéressement qu'on lui connaît. Mais celle qui s'est surtout signalée par un zèle, une abnégation, un dévouement que j'appellerai vraiment héroïques, c'est sans contredit la bonne Marianne.

« Vous vous rappelez sans doute, Mesdames, qu'à l'époque où M. de la Terrade avait été forcé de rendre la dot de sa première femme, il s'était vu dans la nécessité d'employer les fonds appartenant à Marianne pour parfaire ce remboursement, et qu'il avait souscrit au profit de cette dernière une obligation hypothécaire sur son domaine de la Brie. Après son second mariage, lorsque la fortune lui souriait de nouveau, il voulut faire entrer son domaine comme apport dans la société qu'il forma alors avec son beau-père. Il fallut pour cela purger l'hypothèque qui grevait cet immeuble, et rembourser l'obligation souscrite à Marianne. Celle-ci voulut s'y opposer; mais son maître lui dit : « Laissez-moi donc vous rembourser cette dette; ne savez-vous pas que c'est un fonds de réserve dont je me servirais plus tard, si jamais j'en avais besoin? »

« Marianne reçut donc le montant de son obligation, et plaça, comme autrefois, cet argent chez Mᵉ Bordier, son notaire, espérant bien cette fois que le malheur n'atteindrait plus son maître, et que « ce fonds de réserve », comme il l'appelait, ne lui serait jamais nécessaire.

« Nous avons vu comment cette prévision fut malheureusement trompée. Mais, cette fois, quand il fut de nouveau renversé sous les coups de l'adversité, malgré les instances de Marianne, il ne voulut pas faire usage de cet argent. On comprend sa délicatesse : il n'avait plus cette fois d'hypothèque à donner, et lorsqu'il plaça sa fille en pension, nous l'avons vu prendre sur le modeste capital qui lui restait le montant des premiers frais de trousseau et de pension.

« La somme appartenant à Marianne et déposée chez le notaire était donc restée entière jusqu'à la mort de M. de la Terrade. Quelques jours après ce funeste événement, elle alla trouver son notaire et lui tint à peu près ce langage :

« Dans ces derniers temps, M. le comte, mon bien cher et regretté maître, n'a jamais voulu, malgré mes instances et la gêne où il se trouvait, emprunter la moindre somme sur mon argent déposé entre vos mains ; il m'avait même défendu d'en employer à son insu la moindre parcelle pour les besoins de la maison ; il aimait mieux se priver d'une foule de choses auxquelles il était habitué, afin de restreindre ses dépenses au strict nécessaire, et de pouvoir y suffire avec les faibles ressources qui lui restaient. Tant qu'il a vécu, je n'ai pas voulu lui désobéir; je n'aurais pas osé non plus lui dire, quoique souvent j'en eusse grande envie : « Monsieur, puisque vous ne voulez pas emprunter cet argent, parce que vous n'avez pas la certitude de pouvoir le rendre, eh bien! je vous le donne; » il se serait fâché tout rouge, et m'aurait dit de sa plus grosse voix : « Je n'ai pas l'habitude de recevoir des cadeaux de mes gens, et je ne comprends pas que vous puissiez me faire une pareille proposition. » Maintenant que le pauvre cher homme est mort, Dieu veuille avoir pitié de son âme! ne suis-je pas libre de disposer de mon argent comme bon me semble, sans craindre d'encourir le reproche de désobéissance?

« — Certainement, vous en êtes parfaitement libre, répondit M° Bordier; mais où en voulez-vous venir, ma brave femme?

« — Permettez-moi encore une question, monsieur le notaire. Pensez-vous que la somme que M. le comte a laissée entre vos mains pourra suffire pour payer les frais de l'éducation complète de Mademoiselle jusqu'à dix-sept ou dix-huit ans? .

« — Ce sera un peu difficile, surtout si les dix actions de chemin de fer qui font partie de ce dépôt n'acquièrent pas de valeur d'ici à quelques années ; mais si, comme j'en ai l'espoir, elles atteignent seulement le pair d'ici trois à quatre ans, j'aurai de quoi payer la pension de votre jeune maîtresse pendant neuf ans, peut-être dix.

« — Et après il ne lui restera plus rien de la succession de son père ?

« — Non ; mais elle aura reçu une éducation qui la mettra à même de gagner honorablement sa vie, soit comme sous-maîtresse, soit comme institutrice, soit enfin dans le commerce, si son goût la porte à suivre cette partie, ou de toute autre manière que nous ne pouvons pas prévoir.

« — Est-ce là l'avenir qui est réservé à cette chère demoiselle, à la dernière descendante de l'illustre famille des la Terrade !

« — Que voulez-vous, ma bonne Marianne, c'est encore le meilleur emploi que l'on puisse faire du faible capital qu'elle possède ; et d'ailleurs nous n'avons pas le choix : ce sont les intentions formelles de son père, et nous devons nous y conformer.

« — C'est juste ; mais il est pénible de penser

que son éducation terminée, il ne lui restera pas
un sou...; et si à cette époque elle ne trouvait pas
d'emploi pour gagner sa vie, ou qu'elle fût forcée
d'attendre six mois, un an et peut-être davantage,
avant de pouvoir se placer, que ferait-elle pendant ce temps-là? que deviendrait-elle...? Tenez,
une pareille idée me fend le cœur, et je sacrifierais
ma vie pour éviter un pareil malheur. »

« M⁰ Bordier avait compris dès la première
question qu'elle lui avait adressée où en voulait
venir la brave femme; mais, pour la faire s'expliquer tout à fait, il ne voulut pas paraître l'avoir
devinée, et lui dit simplement : « Sans doute il
est très-fâcheux que les frais d'éducation de notre
pupille absorbent tout son avoir, et qu'il ne lui
reste plus rien quand cette éducation sera terminée; mais comment éviter ce malheur? Je n'en
vois pas le moyen.

« — Et moi, j'en vois un, et qui est bien simple,
et c'est pour cela que je suis venue vous trouver,
monsieur le notaire.

« — Quel est ce moyen, ma bonne Marianne?

« — C'est tout simplement, au lieu de prendre
sur le peu que lui a laissé son père pour payer sa
pension, de prendre pour cet objet sur les fonds

que j'ai placés chez vous. De cette manière on ne
toucherait pas à son héritage; vous le grossiriez
même des intérêts qu'il pourra produire d'ici là;
et au moins, quand Mademoiselle sortira de pension, elle trouvera intacte la petite succession de
son père, et ne sera pas prise au dépourvu, et
en quelque sorte réduite à l'aumône. Supposons
qu'elle reste dix ans dans sa pension, ce sera à
peu près 8,000 francs en tout que cela coûtera.
D'après votre dernier compte, mon avoir se mon-
terait à 14,000 francs; c'est encore 6,000 francs
qui me resteraient, et ce serait bien suffisant pour
me faire vivre le reste de mes jours. Puisque
je suis maîtresse absolue de mon argent, comme
vous l'avez dit tout à l'heure, j'entends que la
chose s'arrange ainsi. »

« M⁰ Bordier, après avoir fait un juste éloge
du désintéressement de Marianne, lui soumit
plusieurs objections, pour s'assurer si sa résolution était bien arrêtée; mais il la trouva inébran-
lable. Alors il lui fit comprendre qu'il y aurait un
moyen d'obtenir le même résultat qu'elle se proposait sans toucher à son propre capital ni à celui
de Mˡˡᵉ de la Terrade. « Votre argent, lui dit-il,
est placé à 5 pour cent, et produit 700 francs de

rente ; celui de Mlle Clémence ne rapporte guère
que 2 à 300 francs pour le moment; eh bien, en
réunissant ces deux revenus, il y aura de quoi payer
la pension de votre demoiselle et il vous restera
encore 100 ou 200 francs pour vivre ; c'est peu,
j'en conviens ; mais comme vous m'avez dit que
vous comptiez gagner votre vie en travaillant,
voyez si cette modique somme-là vous suffira. Au
moins, de cette manière, votre capital et celui de
votre jeune maîtresse seraient conservés.

« — Cet arrangement me convient parfaitement, reprit-elle ; seulement je ne veux pas toucher une obole des revenus ; j'entends que ce qui
restera soit ajouté au capital de Mademoiselle.
Dieu merci, j'ai encore bon pied, bon œil, et je ne
suis nullement embarrassée de gagner ma vie. »

« Tel est l'arrangement qui a eu lieu entre
Me Bordier et Marianne, et qui a été scrupuleuse-
ment exécuté par cette dernière depuis bientôt
dix ans. On me le communiqua quelques jours
après, et j'y donnai mon consentement pour la
forme. Il avait été convenu que cet arrangement
resterait secret entre nous ; seulement je m'étais
réservé de le faire connaître à Clémence à sa ma-
jorité ou à son émancipation.

« Pendant ces dix années, je puis dire que je n'ai cessé d'admirer et cette excellente femme et notre jeune pupille. Si l'une se distinguait par son dévouement et son affection pour sa jeune maîtresse, l'autre se montrait digne d'un tel attachement et de l'intérêt qu'elle nous inspirait à tous.

« Marianne loua le petit logement qu'elle occupe encore rue Monsieur-le-Prince; elle demanda et obtint facilement de l'ouvrage dans deux ou trois magasins de lingerie du voisinage; de plus, elle fit quelques ménages assez bien payés. En travaillant assidûment du matin au soir, quelquefois même en veillant une partie de la nuit, elle parvint à gagner assez bien sa vie, et même à mettre quelque petite chose de côté chaque semaine pour ses récréations. Ce qu'elle appelait ses récréations, c'était d'aller tous les dimanches, quelquefois les jeudis, voir sa chère demoiselle à Passy. J'y allais aussi de temps en temps, et chaque fois je recevais les meilleurs témoignages sur le compte de ma pupille. Chaque année elle remportait les principaux prix de sa classe, soit pour les études sérieuses, soit pour les arts d'agrément. L'année dernière, elle a passé ses examens avec une grande distinction à la Sorbonne, et sa maîtresse de pension offre de la prendre comme sous-maîtresse cette année, et même de se l'associer moyennant un versement d'une dizaine de mille francs. Nous nous trouvons en mesure de fournir cette somme, grâce à la bonne gestion de M° Bordier et à la hausse des actions du chemin de fer, qui valent aujourd'hui 800 francs ; mais grâce surtout au dévouement et au désintéressement de Marianne. Nous attendons pour terminer l'affaire la guérison complète de notre pupille.

« Afin qu'elle puisse elle-même contracter directement, nous avons résolu, M° Bordier et moi, de faire émanciper notre pupille, et de lui rendre son compte de tutelle. Cette formalité a eu lieu le mois dernier devant le juge de paix, et à cette occasion j'ai révélé à Clémence le secret de Marianne et sa conduite envers elle depuis la mort de son père. « Cela ne m'étonne pas de sa part, me répondit-elle ; cela ne me la fera pas non plus aimer davantage, car il ne m'est pas possible de l'aimer plus que je l'aime. » Malheureusement, au moment où nous allions rédiger le traité avec la maîtresse de pension, Clémence est tombée malade. On ne pouvait la garder à la pension à

cause de la nature de sa maladie, qui est conta-
gieuse ; je voulais la mettre dans une maison de
santé ; mais Marianne a tant supplié de l'avoir
chez elle, et Clémence elle-même a témoigné un
si vif désir de rester auprès de sa bonne, que j'y
ai consenti. Je n'ai eu, du reste, qu'à m'en féli-
citer ; car jamais la pauvre enfant n'aurait trouvé
dans une maison de santé des soins aussi attentifs,
aussi intelligents que ceux que lui a prodigués
Marianne. »

Ici le docteur s'arrêta, et toutes les personnes
qui l'avaient écouté le remercièrent chaleureusement, et témoignèrent le plus vif intérêt pour sa
charmante pupille.

Le lendemain, à l'heure accoutumée de la promenade au Luxembourg, Amélie attendait avec
impatience l'arrivée de Clémence. En vain ses
jeunes camarades la tourmentaient de venir diriger leurs rondes, elle ne les écoutait pas, et ses
yeux restaient fixés sur l'allée par laquelle devait
arriver la jeune convalescente. Elle courut à sa

rencontre, et, après l'avoir tendrement embrassée, elle la conduisit auprès de sa mère et de Mmes de Monval et de Fonviel. Ces dames l'accueillirent avec un empressement des plus affables, ainsi que sa bonne Marianne, qui la suivait avec un sourire de satisfaction. On commença par s'informer de sa santé, qui allait de mieux en mieux; puis la conversation devint plus intime, et bientôt Clémence se trouva aussi à son aise qu'avec d'anciennes connaissances.

A compter de ce jour, une amitié très-vive s'établit entre Amélie et Clémence. Lorsque la convalescence de celle-ci fut terminée, l'acte d'association fut signé entre elle et sa maîtresse de pension. Quelques jours après, elle alla s'installer à Passy, avec Marianne, qui reprit son ancien emploi de femme de ménage. Amélie obtint la permission d'aller passer quelque temps avec sa nouvelle amie, ce qui occasionna plusieurs visites de la famille Brizieux à la nouvelle maîtresse de pension de Passy. Enfin on annonce un dernier résultat de cette liaison : c'est le prochain mariage de M. Gustave Brizieux, avocat à la cour impériale de Paris, avec Mlle Clémence de la Terrade. Les père et mère du mari y donnent leur consentement; le tuteur a convoqué le conseil de famille de M^le de la Terrade, qui y consent également; les futurs époux sont d'accord, Amélie est enchantée de pouvoir appeler son amie sa sœur, Marianne est dans la jubilation et chante son *Nunc dimittis*: je ne vois pas ce qui pourrait s'opposer à une union si bien assortie.

FIN

TABLE

7299. — Tours, impr. Mame.

Original en couleur

NF Z 43-120-8

R A P P O R T

17

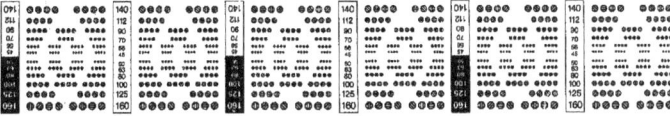

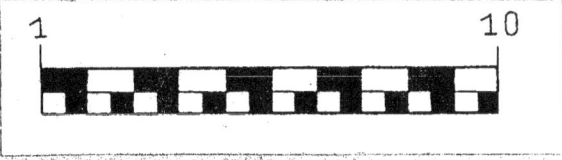

1   10

BIBLIOTHÈQUE NATIONALE

CHÂTEAU
de
SABLÉ

1984